吾妻鏡と鎌倉の仏教

菊地大樹

Kikuchi Hiroki

吉川弘文館

目次

凡例

一、引用史料のうち、『吾妻鏡』の底本は新訂増補国史大系『吾妻鏡』を用い、高橋秀樹校訂『吾妻鏡』等を参照して適宜校訂した。

一、読みやすさを優先し、いちいちの校異などについては注および説明等を省略した。

一、『吾妻鏡』および他の引用史料の原文および読み下し文の用字については、原則として現時通用字体に改め、現代仮名遣いを用いた。

一、『吾妻鏡』の引用については、史料の末尾（ ）内に、日条のみを示した。引用史料の間に本文を挟み、同日条の記事を分断する場合には、最後の部分のみに日条を示した。

一、『吾妻鏡』の記事を引用する際、各日条の前後を省略し、一部を引用している場合があるが、いちいち注さなかった。

一、『吾妻鏡』の引用部分については網掛けとし、他の引用史料と区別した。

一、補注のうち、語彙の説明についてはおもに『日本国語大辞典』（小学館）、人名その他については『国史大辞典』（吉川弘文館）等を参照したが、いちいちの注記を省いた。

ガイダンス

1 『吾妻鏡』を読む

みなさん、おはようございます。この講義は、「吾妻鏡《あずまかがみ》と鎌倉の仏教」と題して、五講に分けて集中形式で行い、『吾妻鏡』を読み解きながら鎌倉の仏教について考えていきます。前近代の日本を研究しようとすれば、まず漢文体の史料読解の方法を学んでゆかねばなりません。奈良時代の漢文は、同時代の中国の正統的な文法や表記法にかなりの程度従っています。しかし、日本語の語彙や語順に引きずられて正統な表現はじょじょに変形し、中世にはすっかり日本独自の漢文体が創出されていきました。これを和風漢文と呼んでいますが、もはや中国人にはほとんど意味不明と考えた方がよいようです。たとえば和風漢文では、「難しく」を「六ヶ敷」、「有るまじき」を「有間敷」、「聞こし召す」を「聞食」と表記します。字面は漢字が並んでいても、読むときには和語を充てているわけですから、もはや中国語の常識では理解できるはずがありません。しかも中国語、とくに口語は語順も含めて宋代に大きな変化を遂げるようですが、和風漢文は唐代までの文法表記を規範として変化しているため、中国語との差はますます広がっていきました。

支配層や教養の高いクラスの日本人は、この和風漢文で文章を綴ることが求められました。『吾妻鏡』の表記法は公家日記のスタイルに倣っていますので、同様に整然とした和風漢文で書かれています。幕府の公的な歴史を述べるべく、『吾妻鏡』の編纂を担った金沢《かねさわ》氏（執権北条《しっけんほうじょう》氏の一族）の周辺に、文事に優れた人々が多く集まって著されたことが推し量られています。成立は、一四世紀のはじめごろと考えられています。

和風漢文は、中国の漢文表記に表れる主語・述語動詞・目的語という語順や、再読文字・置き字といったシステムをある程度受け継ぎながら、和語の秩序や訓を巧みに取り込んだハイブリッドなスタイルを確立したわけです。のちに、江戸時代に一般的となる〝そうろう文〟も、和風漢文をさらに和語の訓に順応させようとした先に発達していったものです。前近代を通じて日本に遺されてきた文献史料を読み進めるうえで、和風漢文の読解を身に着けておけばいろいろと応用が利くことになります。とくに『吾妻鏡』はスタンダードな和風漢文として、これから日本史を学ぼうとする皆さんには格好の材料であることを確信しています。

参照テキストと参考文献　「再読文字」と言われても、よく分からないという方も、少なからずこの講義に参加していることでしょう。今回は、まず『吾妻鏡』という作品を読むことを一つの目標にしていますから、なるべく多くの本文を紹介していきたいと考えています。しかし、やはり原文ではとっつきにくいでしょうから、これを読み下した形のものを基本史料として講義を進めます。それでも、ある程度もとの文体の雰囲気は伝わると思いますし、部分的には原文表記にも挑戦してみましょう。読み下し文でも古典語ですから、なお難しく感じるかもしれません。そういう方には、『現代語訳　吾妻鏡』〔五味他二〇〇七―一六〕を適宜参照することをお勧めします。

このほかにもいろいろと、便利な註解や索引などが出版されてきました。そのうち、今回の講義を理解するのに最低限必要ないくつかの参考文献をご紹介します。まず、新訂増補国史大系『吾妻鏡』〔黒板一九六八―七六〕は、現在もっともよく使われている『吾妻鏡』研究用の翻刻テキストです。句読点や訓点が付され、上部には内容の短い要約（標出《ひょうしゅつ》）もあります。さらに全体を原文で読んでみようという意欲があれば、ぜひ手に取ってみてください。このテキストは全文データ化され、かつてCD―ROMで販売されていましたが、いまのOSには適合しなくなり、入手困難です。千葉県佐倉市の国立歴史民俗博物館では、やはり全文データを公開していますが、来館利用に限られています。

なお、国史大系本は、現在の研究水準に照らして再検討が必要な部分もあります。これを踏まえて出版が始まったのが、高橋秀樹編『吾妻鏡』〔高橋二〇一五～〕です。まだ出版途中ですが、完結が楽しみです。差し当たって全体の訓読・註解が必要であれば、『全訳　吾妻鏡』〔貴志一九七六―七九〕もよいでしょう。また、著名な記事を抜粋してまとめた『吾妻鏡』（ビギナーズクラシック　日本の古典）〔西田二〇一一〕もお薦めです。人名については、『吾妻鏡人名索引』〔御家人制研究会一九七一〕が便利です。索引の項目をひとつずつ眺めているだけでも、鎌倉武士が称したさまざまな朝廷の官職が目に入ってきてなかなか面白い、などと感じるかもしれません。

テキストやツールに加えて、『吾妻鏡』についての研究書にも簡単に触れておきましょう。八代国治『吾妻鏡の研究』〔八代一九七六〕は、気が付けば初版から一〇〇年以上が経過しています。今となっては、古くなってしまった知見も少なくありませんが、「古典的名著」とはこのようなものか、と実感できる一冊です。最近のものとして、やはり五味文彦『吾妻鏡の方法』〔五味二〇一八〕はぜひご一読ください。『吾妻鏡』という史料から読みとることのできる歴史的事実についてはもちろん、史料そのものの編纂過程にまでさかのぼって方法論的検討を行い、新たな地平を開いた一冊です。ほかにも、個別の論文などは多数ありますが、これらは折に触れて講義のなかでご紹介することにします。当面は参考文献一覧を参照してください。

鎌倉の仏教とは　さて、この集中講義は最初にもお話ししたように、『吾妻鏡』の概要を知ることを通じて和風漢文に親しみ、読解の手がかりを得ていただくことが目的です。ただし、概要とはいっても大部なうえに多岐にわたりますので、今回は私の専門に沿って、おもに『吾妻鏡』に見える宗教関係の記事を選び、いくつかのテーマを軸に毎回お話をいたしましょう。ここには中世の宗教全体に広がる問題が多く潜んでいますが、発信元はあくまで鎌倉時代の東国です。そこで、講義の題名は「吾妻鏡と鎌倉の仏教」としました。

かつて貫達人さんと石井進さんに、高木豊さんも加わった対談集『鎌倉の仏教』のなかで、「鎌倉仏教」には三つの意味があると指摘されました。鎌倉時代に展開したあらゆる仏教の総称、つぎに、とくにそれらを代表すると考えられてきた法然《ほうねん》・道元《どうげん》・日蓮《にちれん》らのいわゆる「鎌倉新仏教」、そして都市鎌倉の仏教です〔貫他一九九二〕。貫さんたちは、とくに第三の点について詳しく論じていますが、今回私は、この三つの側面をそれぞれ意識しながら講義を進めたいと思います。そういうわけで、講義の主題は「鎌倉仏教」とはせず、あえて「鎌倉の仏教」としています。

『吾妻鏡』の成立　つぎに、『吾妻鏡』の全体的な内容についても少し触れておきましょう。『吾妻鏡』は、よく「鎌倉幕府の公的な歴史書である」と言われます。しかし、『日本書紀』をはじめとする古代の六国史のような「国史」とは違って、『吾妻鏡』は幕府会議の場で編纂が決まり、編纂委員会が組織されたというような代物ではありません。現在の研究では、おそらく一三世紀末から一四世紀初頭に、北条氏一族の金沢氏や幕府《ばくふ》奉行人《ぶぎょうにん》三善《みよし》（太田）氏らの周辺で編纂されたと推定されています。ただし、金沢氏は北条一族の家父長であった「得宗《とくそう》」にかなり近い立場にあり、自身も執権など幕府の要職にあった人々ですから、まったく私的な編纂というわけではなく、公的な性格を帯びていたこともたしかです。金沢氏は学問好きの一族で、富と権力も背景に旺盛な蒐書《しゅうしょ》活動を行いました。その遺産は、現在の神奈川県立金沢文庫にまで受け継がれ、多くの稀覯書《きこうしょ》が大切に保管公開されています。幕府の記録を保管管理し、実務官僚として文筆にも長けていただろう三善氏とも協力しながら、『吾妻鏡』はなったのです。

彼らは、幕府はもちろん諸家が保管していた文書や記録も蒐集し、さらには朝廷とのさまざまなルートも利用して、公家たちの伝えていた日記などにも取材しています〔高橋二〇一二〕。こうした努力により原稿が書き重ねられていったと思いますが、おそらくは最初に構想された全巻が完成しないまま編纂

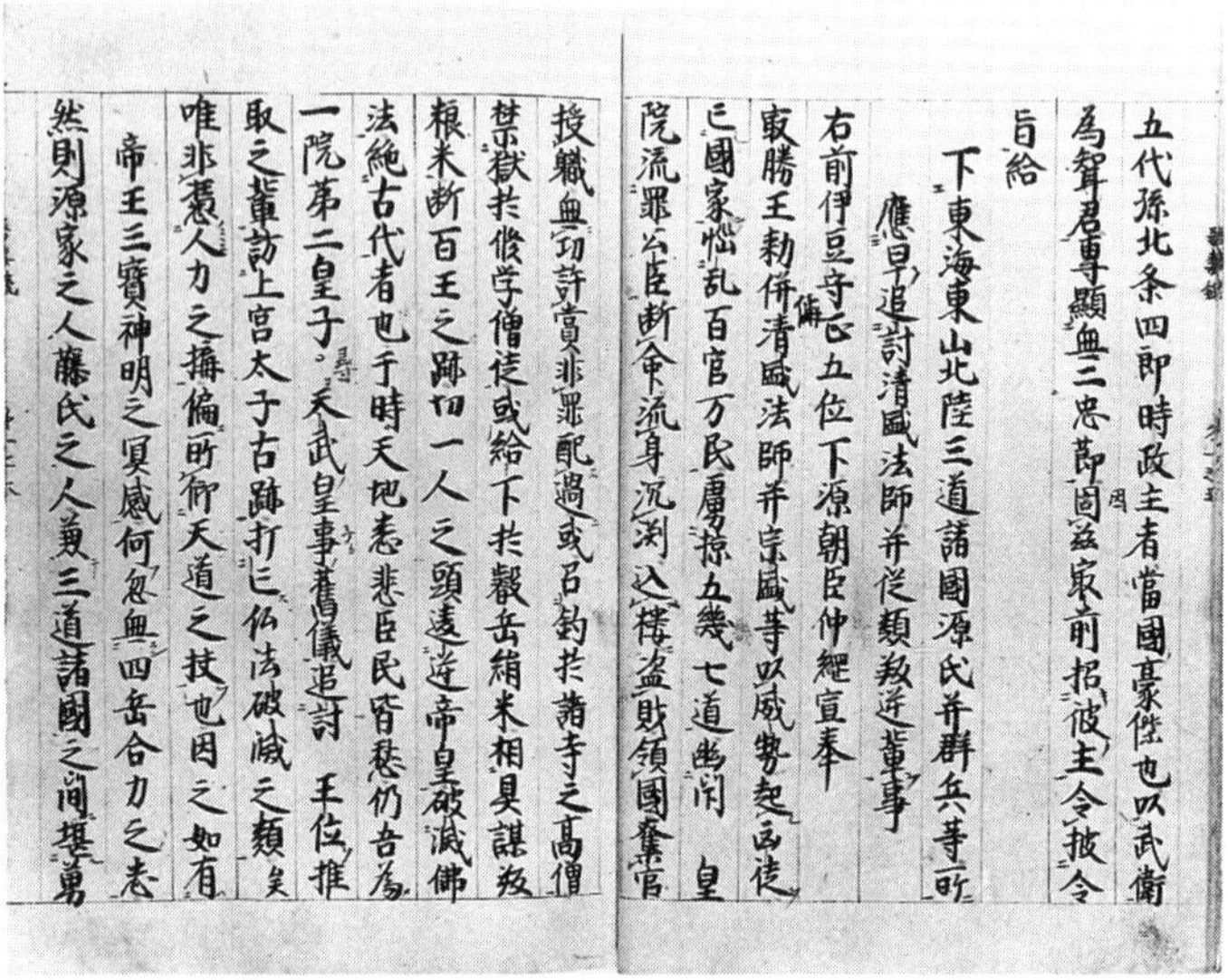
五代孫北条四郎時政主者當國豪傑也以武衛
爲聟君専顯無二忠節因茲最前招彼主令披令
旨給
下 東海東山北陸三道諸國源氏并群兵等所
應早追討清盛法師并従類叛逆輩事
右前伊豆守正五位下源朝臣仲綱宣奉
最勝王勅偁清盛法師并宗盛等以威勢起凶徒
亡國家悩乱百官万民虜掠五畿七道幽閉 皇
院流罪公臣断命流身沈淵込樓盗財領國奪官
授職無功許賞非罪配過或召釣於諸寺之高僧
禁獄於修学僧徒或給下於叡岳絹米相具謀叛
粮米断百王之跡切一人之頭違逆帝皇破滅佛
法絶古代者也于時天地悉悲臣民皆愁仍吾爲
一院第二皇子尋天武皇帝舊儀追討 王位推
取之輩訪上宮太子古跡打亡佛法破滅之類矣
唯非憑人力之搆偏所仰天道之扶也因之如有
帝王三寶神明之冥感何忽無四岳合力之志
然則源家之人藤氏之人兼三道諸國之間堪勇

『吾妻鏡』治承4年4月27日　内閣文庫，国立公文書館所蔵

が途絶えたようで、いまでは中間の一二巻分が見当たりません。伝来の途中で失われたのではなく、最初から書き上げられなかった、と考えられているのです。『吾妻鏡』は「頼朝《よりとも》将軍記」以下、歴代将軍ごとに編成された将軍の年代記という体裁をとっています。このうち、とくに頼朝将軍記の最後の部分が欠けていることが、従来から問題とされてきました。頼朝は橋供養《はしくよう》からの帰り道に落馬し、これが致命傷となって没したと伝えられます。武家《ぶけ》の棟梁《とうりょう》としては、やや不審な死にざまです。その背景には、なにか書きたくても書けない事情があって、未完のまま終わったのではないか……などとも考えられています。これは想像の域を出ませんが、ちょっとミステリアスな話ではありませんか？

『吾妻鏡』の広がり　それはさておき、ともかく『吾妻鏡』は公的とはいっても、完成を俟って鎌倉幕府から広く武士や庶民に公布されたということもないままに、やがて三〇年ほどで幕府は滅亡してしまいます。そういうわけで、『吾妻鏡』はその後も室町の武家社会でときに参照されながらも、あまり広くは流布しなかったようです。それがずいぶん下って戦国時代となり、地方の武士の間でじょじょに書写が広まっていきました。自分の家の由緒《ゆいしょ》をはるか昔の鎌倉時代に求めたり、武家のあいだに蓄積されてきた故実を研究したりするために、権威ある規範＝「鑑《かがみ》」として参照したのでしょう［前川二〇〇〇］［高橋二〇〇五］。

戦国末期の天正一八年（一五九〇）、豊臣秀吉《とよとみひでよし》に包囲された小田原城内の北条氏のもとにも、『吾妻鏡』の写本がありました。ついに観念した北条氏直《うじなお》は、自身の切腹を申し出て開城に漕ぎ着けます。このとき仲介役を果たした黒田《くろだ》孝高《よしたか》が礼として北条氏から譲り受けたのがこの本で、のち慶長九年（一六〇四）に孝高の嫡男長政《ながまさ》が徳川秀忠《とくがわひでただ》に献上したと伝えられます。これに諸本を用いて補訂・校訂が加えられ出版されたのが慶長古活字本であり、以後江戸の社会に広く流布していきます。戦国期に関東を制圧した小田原北条氏は、金沢文庫の価値にいち早く目をつけてここを押さえていました。この写本の奥書にも、応永一一年（一四〇四）に金沢文庫本から転写した旨が記されていたようです。かつて金沢氏の周辺で『吾妻鏡』が成立したのであってみれば、これはたしかに「原吾妻鏡」に近い写本かもしれない……。実際に島津《しまづ》家や吉川《きっかわ》家など他の大名家にも伝わる諸写本を比較してみると、話はそう簡単ではないのですが、こういう期待を持つことも、かならずしも見当外れというわけではないでしょう。

時期区分　私の悪い癖で、少々前置きが長くなりました。そろそろ本題に入っていきたいと思いますが、もう一点だけお話しさせてください。この講義は『吾妻鏡』の宗教関係の記事に注目し、そこから「鎌倉の仏教」を見ていきます。とはいえ実際には、浩瀚《こうかん》なテキストのごく一部に触れるに過ぎません。そこで、取り上げた記事やテーマから、みなさんが『吾妻鏡』の全体に興味を広げてくれるきっかけとなるよう、最初にこの講義が『吾妻鏡』全体をどのように見ているのかを、時期区分をもとに俯瞰的にお話ししましょう。

鎌倉時代の時期区分論には多くの立場があり、専門的な研究の焦点でもあります。しかしここでは、みなさんに『吾妻鏡』という作品の第一印象をなまの形で受け止めていただきたいという気持ちもあり、ごくおおざっぱな私の考えを示すにとどめます。

いま、一般的な流布本（国史大系本）に沿い、将軍記としての『吾妻鏡』の編成をおおまかに示せば、次の通りです。

・頼朝記　治承四年（一一八〇）四月～建久一〇年（正治元年〈一一九九〉）正月　巻一～一五
・頼家《よりいえ》記　正治元年正月～建仁三年（一二〇三）九月　巻一六・一七
・実朝《さねとも》記　建仁三年九月～承久元年（一二一九）正月　巻一八～二三
〔・政子《まさこ》記　承久元年正月～嘉禄元年（一二二五）七月　巻二四～二六・脱漏〕
・頼経《よりつね》記　承久元年七月～寛元元年（一二四三）一二月　巻二四～三五
・頼嗣《よりつぐ》記　寛元二年正月～建長四年（一二五二）二月　巻三六～四一
・宗尊《むねたか》記　建長四年二月～文永二年（一二六五）七月　巻四二～五二

北条政子はもちろん将軍になっていませんが、実朝没後の幕府に新たな権威として、京から幼少の九条頼経を鎌倉殿とすべく新たに迎え、頼朝の後家《ごけ》としての立場から弟義時《よしとき》とともに承久《じょうきゅう》の乱《らん》を乗り切って幕府を支えました。

この編成をざっとみると、『吾妻鏡』に収録された八五年間のうち、時期的にも分量のうえでも源頼朝の挙兵から承久の乱までが半分近くを占めています。この時期を第一期、つまり幕府草創から承久の乱までの「天下草創の時代」と見たいと思います。

政子は承久の乱を挟んで幕府の安定を見届けながら、嘉禄元年七月に没します。この、承久の乱後の体制維持の時代を「安定の時代」と見ましょう。とはいえ、何事もなく安定していたわけではなく、北条得宗家を中心に策を廻らし機先を制することで、その都度〝安定〟を手に入れていたに過ぎません。ただ、そのような強権的な政治過程だけでは執権北条氏権力の安定を説明することはできず、京都とも良好な関係を築きながら合議制《ごうぎせい》を整え、訴訟制度の充実や関東新制などにより、多くの制度も整備していった時期であったこともたしかです。

京・鎌倉の相対的な関係の中で鎌倉時代の枠組みを捉える最近の研究動向に沿って考えれば、私は『吾妻鏡』や鎌倉側の政治情勢を考えるうえでも、後嵯峨《ごさが》天皇の即位（仁治三年〈一二四二〉）を重視したいと思います。京都において、承久の乱後に一度削がれた九条道家《みちいえ》の勢力は、その後だんだん復活し、乱後に即位した後高倉《ごたかくら》院の王統に生まれた四条《しじょう》天皇を擁して復活の勢いを見せます。それが、天皇の突然の早世によってふたたびとん挫してしまいます。後嵯峨天皇は土御門《つちみかど》天皇の皇子であり、祖父後鳥羽《ごとば》院の皇統につながるものとして院の名誉回復を図ります。同時に、自身を天皇に推挙してくれた幕府との協調路線を大切にするようになり、愛児宗尊親王を将軍として鎌倉に下向《げこう》させます。並行して、この時期には宮《みや》騒動（寛元四年〈一二四六〉）や宝治合戦《ほうじがっせん》（宝治元年〈一二四七〉）など幕府を揺るがす大きな事件が立て続けに起こります。そうしたことから、この時期以降を後嵯峨王統の開いてゆく「新たな時代」と位置づけたいと思います。

宗教史の立場から『吾妻鏡』にアプローチするのであれば、それにふさわしい独自の時期区分があってもよさそうですが、それはこの講義を通して考えていくことにしましょう。どのような時期区分をするにしても、『吾妻鏡』から見る限り、縄をなうように二つの時期区分は深く関係し、一本の筋となっていくはずです。今回の集中講義では、最初の二回はもっぱら「天下草創の時代」に充てます。第三講からあとは「安定の時代」と「新たな時代」を行ったり来たりすることになると思いますが、なんとなくは時期的な展開や画期を意識していきたいと思います。

それではさっそく第一講に入っていきましょう。

第一講　源頼朝の信仰と天下草創

1　祈りとともに始まる時代

すべてのはじまり　まずは、やはり『吾妻鏡』の冒頭、治承四年（一一八〇）四月の記事から始めましょう。このとき、平氏政権下の朝廷で唯一生き残っていた源氏の一族、源頼政《みなもとのよりまさ》（といっても、出家して「入道」と呼ばれるようになっていました）は、すでに平家打倒の準備を進めていました。一人ではこの思いを遂げられないと思った彼は、ついに息子仲綱《なかつな》とともに、後白河院《ごしらかわいん》第二皇子、高倉宮《たかくらのみや》こと以仁王《もちひとおう》の御所を尋ねます。ここから、すべてが始まりました。

入道源三位《げんさんみ》頼政卿、平相国《へいしょうこく》禅門〈清盛《きよもり》〉を討滅すべきの由、日者《ひごろ》用意の事有り。然《しか》れども私の計略を以《もっ》て、太《はなは》だ宿意を遂げ難きに依り、今日夜に入り、子息伊豆守《いずのかみ》仲綱等を相具《あいぐ》して、潜《ひそ》かに一院第二宮[1]の三条高倉御所に参り、前右兵衛佐《さきのうひょうえのすけ》頼朝以下源氏等を催して彼の氏族を討ち、天下を執らしめ給うべきの由、申し行う。仍《すなわ》ち散位《さんに》宗信《むねのぶ》に仰《おお》せて、令旨《りょうじ》を下さる。而《しか》るに陸奥《むつ》十郎義盛《よしもり》〈廷尉《ていい》為義《ためよし》[2]末子〉折節《おりふし》在京の間、此《こ》の令旨を帯して東国に向かう。先《ま》ず前右兵衛佐に相触るるの後、其の外の源氏等に伝うべきの趣、仰せ含めらる所なり。義盛八条院《はちじょういん》[3]蔵人《くろうど》に補《ぶ》す。〈名字は行家《ゆきいえ》に改む〉。（治承四年四月九日条）

1　「一院」は治天《ちてん》、後白河法皇。その第二皇子は以仁王。高倉宮。
2　廷尉は検非違使《けびいし》を兼ねる衛門佐《えもんのすけ》・尉《じょう》（まれに他の衛府《えふ》の次官・判官《じょう》）の唐名《とうみょう》。為義は源。義朝・義盛（行家）の父、頼朝の祖父。
3　鳥羽《とば》天皇皇女暲子《しょうし》内親王。以仁王の子女を保護していた。

頼政は、当時伊豆国の流人としてすでに三四歳になっていた源頼朝他、源氏一族に命令して以仁王に「天下をお執らせ申し上げよう」と取り計らったといいます。源氏の武力によって平氏一族を排除し、天皇に就けようとしていたのです。その旨を、親王らの命令を伝える「令旨」として下させました。ちょうど頼朝には叔父にあたる源義盛が京都に滞在していたので、彼がこの令旨を持って東国にいた頼朝にまず知らせ、それからほかの源氏一族に伝えるようにとの以仁王からの仰せがありました。義盛は当時以仁王を庇護していた後白河院の異母妹、女院《にょいん》である八条院に仕える蔵人に任命され、名前を「行家」と改めました。

『吾妻鏡』の読解全体に関わることなので最初に確認しておきますが、『吾妻鏡』はおおきく「地《じ》の文《ぶん》」と文書《もんじょ》などの引用からなります。地の文とは、事件の経緯や引用した文書について、編者が要約・説明したものです。そこで当然、編者の政治的立場や、鎌倉時代後期という時代から回顧した「歴史の修正」といったバイアスがかかっていることをいつも疑ってください。冒頭のこの記事を通じて、『吾妻鏡』は幕府の創始者である源頼朝こそが、天下草創の主役であるように読者に印象づけようとしたのでした。

石清水八幡宮の遥拝　ともあれ『吾妻鏡』によれば、この令旨は同月二七日に、伊豆の頼朝のもとに届きます。まずは、このときの記事の前半を見てみましょう。

高倉宮の令旨、今日前武衛[4]の伊豆国の北条館に到来す。八条院蔵人行家、持ち来たる所也。武衛の装束は水干《すいかん》。先ず男山《おとこやま》の方を遥拝《ようはい》し奉るの後、謹《つつし》みてこれを披閲《ひえつ》せしめ給う。侍中《じちゅう》[5]は、甲《か》斐《い》・信濃《しなの》両国の源氏等に相触れんが為、則《すなわ》ち彼の国に下向《げこう》す。（中略）平相国禅閤《ぜんこう》、恣《ほしいまま》に天下を管領《かんりょう》し、近臣を刑罰し、剰《あまつ》さえ仙洞《せんとう》を鳥羽の離宮に遷《うつ》し奉る。上皇御憤し、頻《しきり》に叡慮を悩まし御《たま》う。此の時に当たり、令旨到来す。仍《すなわ》ち義兵を挙げんと欲す。寔《まこと》に惟《これ》天の与うるを取り、時至りて行うの謂《いい》か。爰《ここ》に上総介《かずさのすけ》平直方《なおかた》朝臣五代の孫、北条四郎時政《ときまさ》主は、当国の豪傑なり。武衛を以て聟君《むこぎみ》と為し、専《もっぱ》ら無二の忠節を顕わす。茲《ここ》に因《より》て、最前彼の主を招き、令旨を披《ひら》かしめ給う。

北条氏館跡裏山より東を望む

（治承四年四月二七日条）

4　源頼朝。武衛《ぶえい》は兵衛府の唐名。

5　蔵人の唐名。行家のこと。

「武衛」とは、京都にいたころの頼朝が帯びていた（右）兵衛佐という官職を指し、頼朝自身のことです。ところが彼は、平治《へいじ》の乱《らん》によってこの官を剥奪され、無官の流人《るにん》となって伊豆国にやってきます。行家が以仁王令旨をもたらしたとき、頼朝は北条館にいました。ここで『吾妻鏡』は思いがけなくも、神への信心を吐露した頼朝の姿をドラマチックに描きます。

まず頼朝は、わざわざ「水干」という装束に着替えます。水干は武家の正式な装束のひとつで、貴族でも寺社に参詣するときには水干を着ることが一般的でした。頼朝は威儀《いぎ》を正し、まず「男山」つまり平安京の南にあって王城を鎮護する石清水《いわしみず》八幡宮《はちまんぐう》の方に向かい、遠く伊豆の地から遥拝します。そしてようやく、舅《しゅうと》であり伊豆における庇護者であった北条時政も見守る中、令旨を開きました。行家はまもなく、甲斐の武田信義《たけだのぶよし》や信濃の木曽義仲《きそよしなか》ら源氏の一族にもこの令旨を伝えるべく去っていきます。

八幡神は応神《おうじん》天皇およびその母神功皇后《じんぐうこうごう》であり、伊勢神宮とならんで皇祖神《こうそしん》でした。それと同時に、とおく平安時代前期の清和《せいわ》天皇の血を引く頼朝にとって、八幡神は源氏の氏神《うじがみ》でもありました。はるかに遡れば皇胤《こういん》でもある自分が、八幡神の加護《かご》を得て以仁王をお助けするのは当然である、と頼朝、というよりは『吾妻鏡』の編者はどうしても強調したかったのでしょう。先の記事に続く部分では、「平相国禅閤、恣管二領天下一、刑二罰近臣一、剰奉レ遷二仙洞於鳥羽之離宮一。上皇御憤、頻悩二叡慮一御」と述べられています。「思えば平清盛入道は好き勝手に天下を治めており、後白河院の近臣を処罰したうえに、院を鳥羽殿に幽閉している。院は憤り、さかんにお気持ちを悩ましていらっしゃる……」と当時の情勢を想起しながら、編者は活達に筆を振るいました。

源頼朝　東京国立博物館所蔵，出典：ColBase（https://colbase.nich.go.jp）

義兵と最勝王　清盛による院近臣処罰と院の幽閉は、前年の一一月に起こった事件を指します。現在ではこれをクーデターと称するほど、これ以後平氏政権の専制化が進みました。だからこの勢力を排除して院をお助けし、その皇子である以仁王の呼びかけ（令旨）に応じたのだ、われわれは義兵である、というのが一連の地の文に織り込まれた論理でした。しかし客観的に見れば、この段階で頼朝が挙げた兵は、間違いなく反乱軍です。後白河院は、以仁王を皇位につける気持ちはなく、頼朝も含む源氏の挙兵はかえって院の逆鱗に触れただろう、というのが現在の一般的な理解になっています〔河内一九九〇〕。だからこそ、『吾妻鏡』は逆に王城鎮護の皇祖神を敬う頼朝の姿をいっそう印象的に描きます。八幡宮を拝し、謹んで令旨を受けたものの、決して朝廷への反逆の意思はないことを示す編者の演出は、のちに鎌倉時代と呼ばれるようになるこの時代の枠組みを、そして幕府のあるべき姿をじつによく読者に訴えていると思います。公家や寺社の所職《しょしき》・所領《しょりょう》などの既得権保護は、のちに幕府の基本方針の一つになっていくのでした。

続いて『吾妻鏡』には、以仁王令旨の全文が引用されています。ここにも、宗教的な言説を巧みに用いて挙兵の必要と正統性が謳われています。たとえば、冒頭は「最勝王《さいしょうおう》の勅に偁えらく《ちょくい》」と始まります。最勝王とは、『最勝王経《さいしょうおうきょう》』に説かれる四天王《してんのう》を思わせる表現です。四天王は、仏法を興隆させる王者やその王国を守護します。つまり以仁王は、みずからを四天王になぞらえ、後白河院を助けるものと位置づけているわけです。「勅」という言葉から、すでにみずからを天皇位に等しいものと自負していることも明らかです。令旨では、兄天智《てんち》天皇の崩御後、壬申の乱《じんしんらん》（六七二年）においてその皇子大友《おおとも》を排して皇位についた天武《てんむ》天皇の故事に倣ったのであるとも表明しています。さらに、清盛の失政とともに、諸寺の高僧や学僧を拘禁《こうきん》し、延暦寺《えんりゃくじ》の受け取るべき物資を兵糧《ひょうろう》として横領《おうりょう》して、仏法《ぶっぽう》を破滅させているとも糾弾しています。そこから、排仏派《はいぶつは》の物部《もののべ》氏を滅ぼした「上宮太子《じょうぐうたいし》」つまり聖徳太子《しょうとくたいし》の旧事《きゅうじ》まで持ち出して、仏法破滅の類を打ち滅ぼすのだから仏も神も共感するはずであり、東大寺《とうだいじ》・興福寺《こうふくじ》・延暦寺・園城寺《おんじょうじ》の四箇大寺《しかだいじ》もこれに合力《ごうりき》せよ、と呼びかけます。

この時点の頼朝にとって、実際にはこの以仁王の令旨こそがすべての正統性を保証するものでした。こうしかもそこには、宗教を抜きにしては語れないイデオロギーの枠組みが構築されていたのです。こうした雰囲気を演出しながら、『吾妻鏡』のなかで鎌倉幕府は草創されてゆきました。

八月に入り、平家の家人《けにん》であった伊豆目代《もくだい》、山木兼隆《やまきかねたか》を襲っていよいよ軍事行動を開始した頼朝は、続く石橋山《いしばしやま》の合戦《かっせん》で大敗します。しかし房総半島に逃れてからじょじょに勢力を回復し、一〇月に亡父義朝にとって由緒《ゆいしょ》の地でもあった相模《さがみ》国鎌倉《かまくら》に入りました。その軍陣は東国武士であふれかえります。鎌倉に居を定めたとはいえ、じっさいにはまだ先の見通しもなく、ただちに整った制度が構築されていったわけでもありません。とはいえ、その一つとして早くも寺社政策が打ち出されていることには、このさい注目しておきたいと思います。

まず鎌倉に入るのと前後して、頼朝がもっとも早く整備に着手したのが鶴岡八幡宮《つるがおかはちまんぐう》です。この宗教施設は、のちの時代まで鎌倉の仏教の核に位置づけられることになりますが、詳しくは第二講で取り上げることにいたします。鎌倉入りのすぐ後に鶴岡八幡宮での仏事を定めた頼朝は、その日のうちに駿河国に向けて進発《しんぱつ》し、夜になって相模国府六所宮《ろくしょのみや》に到着しました。だいたい現在の神奈川県平塚市付近だっ

六所神社

平塚・大磯海岸部より箱根方面を望む

たようです。

寄進と駆け引き　ここで頼朝は、「忠節を存ずるの由、前々知食《しろしめ》すの間、敢えて疎簡《そかん》の儀無し。殊《こと》に丹《たん》祈《き》を凝《こ》らすべし」という内容の、別当行実《べっとうぎょうじつ》に充てた自筆の書状を添え、同国早河荘《はやかわのしょう》を箱根《はこね》権現《ごんげん》（神社）に寄進《きしん》します。湘南《しょうなん》の海辺にも近い平塚のこのあたりから、頼朝は夕暮れの箱根方面を見渡しながら、この寄進の文書を発給させたのでしょうか。

ただし書状のニュアンスは、「おまえが忠節を尽くしたいと思っていることは前から知っていたから、疎略に扱うつもりはない。これからもとくに心を込めて祈願せよ」と、尊敬する宗教指導者に対するよりは、むしろ忠節を尽くした武士に報いるかのような口ぶりです。宗教者は頼朝にとって、祈禱の効験《こうげん》をもって自身に仕える者の一人であり、ひろい意味で自身の「武力」を構成するメンバーでした。箱根権現は以後、伊豆山《いずさん》権現（伊豆山）とともに鎌倉幕府を守護する在地の神として歴代の将軍にもっとも重視され、二所詣《にしょもうで》の先として定着します。

このときの「下文《くだしぶみ》」と称する文書が、『吾妻鏡』に引用されています。

寄せ奉る、箱根権現御神領の事
　相模国早河本荘
　　箱根別当の沙汰《さた》として、早く知行《ちぎょう》せらるべきなり。
右、件《くだん》の御荘は、前兵衛佐源頼朝の沙汰として、寄進する所なり。全く以て其の妨げ有るべからず。仍《よっ》て後日沙汰の為、文書に注して、以て申す。
治承四年十月十六日　(同日条)

「相模国早河本荘は、箱根権現の神領として寄進いたします。別当が差配《さはい》して知行すべきであります。これは頼朝の手配によって寄進する所領であり、他の者が邪魔をしてはいけない。後日の（所有権を脅かすような不当な）裁判に備えて、文書に記録して申すところです」、ざっと、こんな意味になるでしょう。

この文書には、「下文」という形式に沿わない、いろいろの問題点があります。しかし、ここでは真偽の詮索《せんさく》はしばらく擱《お》いて、最初期の頼朝勢力がさっそく周囲の宗教勢力を丁重に扱い、所領を与えることにより懐柔《かいじゅう》に努めた好例として注目しましょう。当時そうした寄進がさかんに行われていた事実は、ほかにも複数指摘することができます。ただし、この文書には、すでにあたかも早河本荘が頼朝の支配下にあったかのように述べられていますが、そうとは限りません。もし戦によって我が物とできたあかつきには、寄進いたしましょう、ということもありました。つまり、神仏の加護（じっさいにはその祈禱を請け負う神官や僧侶の祈りの力）が十分でなければ、寄進の約束も果たせないぞ、という少々乱暴な神仏との駆け引きに過ぎない場合も多かったのです。

近隣寺社の創建説話　翌々日、箱根峠を越えて富士東麓の黄瀬川《きせがわ》のほとりに到着した頼朝のもとに、こんどは伊豆山権現の使者が駆けつけます。

今日、伊豆山専当《せんとう》6衆徒《しゅと》の状を捧げて路次《ろし》に馳せ参る。兵革《へいかく》の間、軍兵等当山結界の地を以て往反の路と為すの間、狼藉《ろうぜき》断絶すべからざるか。これを如何《いかが》せん、と云々《うんぬん》。仍て諸人の濫吹《らんすい》を停止《ちょうじ》すべきの旨、御書を下して宥じ仰せらる。其の状に云《いわ》く、

謹みて請く、走湯山大衆解状《そうとうさんだいしゅげじょう》の旨。

早く彼の山の狼藉等を停止し、喜悦せしむべき御祈禱次第の事

右、祈念致す所の法力《ほうりき》は、已《すで》に以て成就せしめ畢《おわん》ぬ。是《こ》れ他念無し。偏《ひと》えに権現御利生《ごりしょう》の旨を仰ぐなり。狼藉を致すべからざるの事、彼の山は、是れ新皇《しんのう》幷びに兵衛佐殿御祈禱所なり。仍て乱悪の輩《ともがら》、乱入すべからず。故に仰する所、下知《げち》件の如し。

治承四年十月十八日

（同日条）

6　もっぱらその事にあたること。ある特定の業務を担当すること。また、その職や人。とくに、寺院・神社の職の一つで、下級の雑事に従事する僧侶・神職。

伊豆山権現は今日の伊豆山神社で、熱海《あたみ》の西郊に位置します。べつに走湯《はしりゆ》権現とも称され、温泉が噴出するこの地に祀られた神社でした。衆徒は頼朝に対して、行軍の途中に軍兵が所領に狼藉を働くことを訴え、その停止を願い出ています。当時の戦では、兵糧米をはじめとするロジスティックスは自前で調達することが原則だったので、武士たちは行軍の途中でつぎつぎに略奪を行い、物資を確保していき

ます。民衆はこれを受け入れるしかなかったのですが、寺社は有力者に庇護《ひご》を訴えて、なんとか狼藉を食い止めようとしました。こうして権力者が安全を保証することを、「禁制《きんぜい》」といいます。

この文書も禁制の性格を持っていますが、奇妙な点が多々あります。最初は了解を伝える「請文《うけぶみ》」のようでありながら、最後は「下知件の如し」と終わります。これは、将軍の命令を執権《しっけん》・連署《れんしょ》が伝達するのちの「下知状《げちじょう》」の形式を意識しているのでしょう。さらに内容的にも、「おまえたちが祈念していた法力は、すでに成就した」と述べていますが、まだ本格的に平氏軍と激突さえしていないこの段階で、じっさいのところなにが成就したのでしょう。おそらく、教養高い『吾妻鏡』の編者であれば、この文書の異様さにはすぐ気づいたかと思います。それでも頼朝以来捧げられてきた両権現への崇敬の「はじまりの物語」を示すために、この文書を引用したのでした。

東国のふたりの新皇　いろいろと疑問の多い伊豆山権現への頼朝の「御書」でしたが、それでも私がたいへん興味深く感じるのは、「伊豆山は新皇と兵衛佐殿（頼朝）の御祈禱所である」と述べている点です。この新皇とは、いうまでもなく以仁王を指しています。すでに敗死した以仁王をいまだに推戴《すいたい》しているのは、反乱軍とみなされていた頼朝軍の義兵としての正統性を強調するためでしょう。

『将門記《しょうもんき》』によれば、かつて東国を制圧した平将門《たいらのまさかど》は、みずからを「新皇」と称したといいます。一人の巫女《みこ》に八幡大菩薩が乗り移り、「朕《ちん》の位《くらい》を有資格者であるその子孫、平将門に授ける」と告げたのでした。八幡神は皇祖神（応神天皇）ですから、「朕の位」とは天皇位に他なりません。伊勢を宗廟《そうびょう》とする京都の朝廷に対抗し、東国において同じく皇胤として祖先神である八幡神を擁して「新皇」を称したものでしょう。とはいえ、結局は朝廷に鎮圧された将門らのこの行為は、やはり謀反《むほん》に他なりません。その例に倣って以仁王を新皇と称し推戴することは、反乱軍の段階の頼朝ならばまだしも、いったん正統性を認められてしまった後には、むしろ消さなければならない古傷だったはずです。『吾妻鏡』の編者は、なぜ「新皇」の語をテキストの中に残したのでしょうか。

私にも明確な答えはありませんが、京の皇位を侵すものがあれば、八幡神や最勝王（四天王）などの神仏が東国から義兵を挙げて排除する、というように、軍事行動を宗教的な言説によって根拠づけていくことは、天下草創のこの時代の史料にはとくによく見られるように思います。たんなるレトリックと言えばそれまでですが、それが大きく政局を動かす原動力にもなり得た瞬間がありました。

そこでつぎに、有名な「日本第一の大天狗《てんぐ》」は誰かをめぐり、この点を考えてみましょう。

日本第一の大天狗再考　寿永二年（一一八三）七月、ついに平氏を西走させた木曽義仲が入京します。しかしまもなく、安徳《あんとく》天皇不在の都に新たな天皇を立てようとする後白河院に口を出し、都の治安維持にも失敗して公家政権の信頼を失います。その結果、翌年一月には源義経《よしつね》らの頼朝勢力により滅亡しました。その義経も、文治元年（一一八五）一一月に頼朝との不和が決定的となると、後白河院に頼朝追討の院宣《いんぜん》発給を強引に迫り、これを獲得してから源行家とともに京を出て、西国に落ち延びます。

このとき院をはじめ貴族たちは、おそらく少し前の木曽義仲の例を思い出し、軍事行動に伴い京都が略奪などで大混乱するのではないかと、おおいに恐れました。しかし九条兼実《くじょうかねざね》によれば、結果は「京中悉《ことごと》く以て安穏《あんのん》」だったと言います。そこで兼実は義経を「義士」と評価し、また「義経は大功を成し

後白河天皇　長講堂所蔵

たのに、(頼朝に京を追われることになり) その意味もなくなってしまったが、(義経の) 武勇と仁義については、のちの時代に佳名《かめい》を残すであろう」と、彼の日記『玉葉《ぎょくよう》』のなかで褒めたたえています (文治元年一一月三日・七日条)。当時公家政権のなかに、京中の治安を維持した義経の功績を「仁義」と評価する空気もあったことを押さえておきましょう。

いっぽう追討の院宣を下された頼朝が、公家政権に不快をあらわにしたことは言うまでもありません。その矛先が、とくに院宣発給を奉行した院近臣《いんのきんしん》の高階泰経《たかしなのやすつね》に向かったことは、『玉葉』からも『吾妻鏡』からもはっきりと分かります。そこで泰経は弁明の書状を使者に持たせて鎌倉に下向させたところ、返事が届きます。その内容は『玉葉』にも記されていますが (文治元年一一月二六日条)、ここでは『吾妻鏡』から泰経書状もあわせて示しておきます。

> 行家・義経謀叛の事、偏えに天魔の所為たるか。宣下《せんげ》無くんば宮中に参り自殺すべきの由、言上《ごんじょう》の間、当時の難を避けんがため、一旦勅許有るに似ると雖《いえど》も、曽《かつ》て叡慮《えいりょ》の与《くみ》するところに非《あら》ずと云々。これ偏えに天気を伝うるか。二品《にほん》返報を投ぜられて云く、行家・義経謀叛の事、天魔の所

為たるの由、仰せ下さる。甚だ謂《いわ》れ無き事に候。天魔は仏法のために妨げを成し、人倫において煩《わずら》いを致す者なり。頼朝数多《あまた》の朝敵を降伏《ごうぶく》し、世務を君に任せ奉るの忠、何ぞ忽《たちま》ちに反逆に変じ、指したる叡慮に非ずして院宣を下さるるや。行家と云い、義経と云い、召し取るの間、諸国衰弊《すいへい》し、人民滅亡するか。仍て日本第一の大天狗は、更に他者に非ざるかと云々。

（文治元年一一月一五日条）

義経・行家の謀反に対して頼朝追討の院宣を下したのは、まったく天魔の仕業である。宣下がなければ宮中で自殺する、と彼らが言上してきたので、とりあえず困難を避けるために勅許したようではあったが、まったく院のお考えに与《あずか》ってのものではないのである、と泰経は必死に伝えます。「天魔」という目に見えないもののせいに帰することで、いかにも苦しい責任回避を試みています。これに対して頼朝は自己のこれまでの忠節を強調し、義経・行家が（兵糧などを）召し取る（強奪する）ので、諸国は疲弊し人々の生活も滅びかねないと迫ります。そして最後に「日本第一の大天狗はほかでもない！」と結びます。従来、ここに見える「大天狗」とは、状況次第の態度を取った後白河院に対する痛烈な批判と受け取られてきました。

天魔とは誰か　前後のさまざまな史料からも、泰経が院宣発給の中心人物であることは明らかです。頼朝の怒りも、彼にことさらに向かっていたことも読み取れます。そこで、この史料の精確な再解釈が試みられた結果、「大天狗」は泰経を指すのではないかという説も出されてきました［河内一九九〇］。いずれにしても、事実として院と泰経が君臣一体の関係にあった以上、頼朝が公家政権の対応を全体として非難し、次なる交渉へと駒を進めようとしていた歴史の大局は動きません。

しかし私は、鎌倉の仏教という宗教的な文脈上で、『吾妻鏡』を読み解くこの講義の立場からこの書状を読み直してみて、別の可能性も考えられるかもしれないと思いました。頼朝は書状の冒頭から「義経らの謀反は天魔の仕業とおっしゃいますが、それはまったく謂《いわ》れのないことです」、と反論します。この「天魔」ということばが、そもそも宗教性を帯びています。しかし、さきに書状を出した院・泰経の側ではそれをことさら意識することなく、言い逃れのために体よく天魔なるあいまいな第三者を持ち出し、文飾として使ったにすぎません。ところが頼朝側は、冒頭からそれを逆手に取って「謂れないおっしゃりようです」と迫ります。そして「天魔」という言葉にこだわり、それは「仏法を妨げて人々に煩いをなすものである」、と述べ立てました。

そこで注目したいのは次の言葉です。ここで頼朝は、自分こそ朝敵を「降伏」してきたと語ります。現代語では降伏《こうふく》は自動詞で用いられるのが一般的で、みずから負けを認めることです。これにたいして前近代の用例ではこのように目的語を取る他動詞ですが、これは「ごうぶく」と読み、ほとんどの場合、仏教語として文献の中に現れます。「天魔」という言葉にこだわったことが、続けてこの言葉を引き出したのでしょうが、頼朝書状は全体としてかなり宗教的な色彩を帯び、さながら神仏の使者として朝敵を撃破してきたかのような文脈になっていきます。その背景として、いままで彼が八幡神を崇敬し、最勝王こと以仁王を新皇とも仰ぎ援《たす》けてきたという宗教的義兵の立場も思い出してください。こうして、世上の政務を私することなく君主である後白河院にお任せしてきた忠義に対して、院は急に私頼朝を反逆者だとして態度を変え、特段のお考えもなく院宣を下されたのでしょうか（納得がいきません）、と迫ります。

大天狗は義経　ここからが、この書状の肝心な部分です。「義経らが（兵糧を）召し取るので諸国は衰退し、人民は滅亡してしまう」、これは前半において「人々に煩いをなす」という表現に呼応しており、つまりは天魔の所為に他なりません。ということは、義経らこそがその天魔である、と私は考えます。天魔は天狗とほぼ同意でしょう。これにはもう少し厳密な検討が必要ですが、先行研究から学ぶ限り、同時代の用例を細かく検討しても大きく解釈が異なることはないでしょう［若林二〇〇二］。ざっと私の理解を示せば、天魔は目に見えない抽象的な存在ですが、天狗は（もちろん想像ではありますが）絵巻物などにも描かれるように、具体的な姿をもってこの世に現れます。つまり日本第一の大天狗とこの書状の中で糾弾された直接の人物とは、義経・行家のことに他ならない、と私は解釈してみました。だからこそ、最勝王の義兵たる頼朝は彼らを神仏や人民の敵として「降伏」するのです。

こうして公家政権側を強く揺さぶったうえで、頼朝は天魔・天狗たる義経らの捕縛のために改めて院宣を発給させます。そのため反別五升の兵粮米を徴収する名目で守護《しゅご》（国地頭《くにじとう》）の設置を要求し、さらに泰経ら近臣の解官《げかん》や議奏公卿《ぎそうくぎょう》の設置を断行してゆきます。頼朝は、後白河院が責任の所在をあいまいにしようとして第三者的に持ち出した「天魔」という表現を、書状の中で見事に「大天狗」に変換して義経らこそ謀反人と読み替え、この一連の政治的措置に連続させていったのでした。思えば頼朝の挙兵は、最勝王たる以仁王を助けて仏法の正義を実現することを大義として出発したのでした。これはもちろん、自己の軍事行動の正当化や寺社勢力への理解を得るという政治的意味が大きかったでしょう。しかし、この段階にいたってもまだそうした宗教的な雰囲気を頼朝政権がまとっており、これを巧みに利用しながら政治交渉を行っていた形跡が、この書状にも表れているように思います。

2　政治文化装置としての寺院と幕府

源義朝の供養―頼朝父子の復権―　初期の東国政権は、源氏の血を引く頼朝のカリスマ性によって支えられていました。加えて、頼朝のまとった宗教的志向もその権威を高めるうえで、一役買っていたというわけです。ところが彼らも、やがて京都から公的な支配機構と認められるのにつれて統治者としての自覚を持ち、権威だけではなく権力を発動するべき制度を整備し、政策を立てて実行に移してゆくようになります。すると宗教面でも、頼朝や政子らの個人的な信心にもとづき結ばれていった個別の寺社や高僧との関係が、幕府のもとでじょじょに体系化され、再編されてゆきます。

そこで最初に注目したいのは、勝長寿院《しょうちょうじゅいん》です。この寺院は源頼朝の父、義朝の菩提《ぼだい》を弔うために建立されました。その濫觴《らんしょう》は、『吾妻鏡』では頼朝の父義朝の頭蓋骨が鎌倉に届けられたところから始まります。

二品、御素意《そい》は偏に孝を以て本と為すの処、未だ水菽《すいしゅく》の酬《むくい》[7]を尽くさざるに、平治事有り。厳《げん》閤《こう》[8]夭亡《ようぼう》し給うの後、毎日法花経《ほけきょう》を転読《てんどく》するを以て、没後の追福《ついぶく》に備えらる。而るに栄貴を極めしめ給うの今、一伽藍の作事を企てられ、先考の御廟《ごびょう》をその地に安ずべきの由、存念し御うの間、潜《ひそか》に此の由を伺い奏せらる。法皇、亦《また》勲功に叡感するの余り、去る十二日、刑官に仰せて、東の獄門の辺に於て故左典厩《さてんきゅう》[9]の首を尋ね出され、正清《まさきよ》〈鎌田二郎兵衛尉と号す〉[10]の首を相副《そ》えて、江判官公朝《きんとも》、勅使としてこれを下さる。今日、公朝下着す。仍ち二品、これを迎え奉らしめんが為、固瀬河《かたせがわ》の辺に参向し給う。御遺骨は、文学《もんがく》[11]上人門弟の僧等、頸《くび》に懸け奉る。二品、自らこれを請け取りたてまつりて還向《かんこう》す。時に、以前の御装束を改め〈練色水干《ねりいろすいかん》〉、素服《そふく》[12]を着し給うと云々。

又、播磨《はりま》国書写山《しょしゃざん》の事、二品、御帰依《きえ》他に異なる。性空《しょうくう》上人の聖跡《せいせき》、不断《ふだん》法花経転読の霊場なり。尤《もっと》も旧の如く興行せらるべきの由、先度、粗ら泰経朝臣の許《もと》に仰せられ畢《おわん》ぬ。重《かさね》て奏達《そうたつ》せらるべきの旨、今日、内々御沙汰に及ぶと云々。　（文治元年八月三〇日条）

7　（水を飲み豆を食う意から）貧しいこと。また、粗食のたとえ。ここでは、親の恩にわずかも酬《むく》いていないことをいう。
8　父親。源義朝。
9　左馬頭源義朝。
10　鎌田正清。平治の乱後、義朝に従って東国に敗走したが、尾張国野間でともに誅殺された。
11　文覚《もんがく》。もと武士、遠藤盛遠《えんどうもりとお》。京都神護寺《じんごじ》復興を後白河院に勧進《かんじん》するも伊豆に流罪。そこで頼朝に知り合い、挙兵を勧める。
12 凶事に際して、哀悼の意を表する質素な服。

平治元年（一一六〇）の平治の乱で敗走した頼朝の父義朝は、乳兄弟の鎌田正清らと東国を目指します。『平治物語《へいじものがたり》』によると、途中、尾張国野間《おわりのま》（知多《ちた》半島）で正清の舅、長田忠致《おさだただむね》の裏切りに会い、入浴中に殺害されました。義朝の首は正清のそれとともに京都に届けられ、獄門において晒されます。のちに平氏の家人であった平康頼《たいらのやすより》は尾張目代として下向した折に、三〇町の所領を寄進して敵方ながら義朝の墳墓堂を修築しました。

それから幾星霜、建久元年（一一九〇）に上洛の途次、この地に立ち寄った頼朝の目の前には、僧たちの読経の声に満たされた立派な仏閣が建っていたといいます。感激した頼朝は、さらに一〇人ほどの高僧に往生講《おうじょうこう》を修せしめて多くの布施《ふせ》を与えました。現在この辺りには古刹大御堂寺《おおみどうじ》があり、義朝の墳墓も祀られていますが、『吾妻鏡』に語られるこの墳墓堂との直接のつながりは不明です（建久元年一〇月二五日条）。

いっぽう、さきに掲げたのは、京都で晒された義朝の首が、敗死から四半世紀の時を経て鎌倉に届けられたという記事です。頼朝は日ごろから、孝行をもっとも大事に思っていましたが、じゅうぶんに恩に報いないうちに平治の乱が起こり、父を失います。その後、毎日『法華経』を転読して追善に充てていました。成功者となった今、一寺院を建立して亡父の墳墓を鎌倉に築きたいと願っていたので、後白河院にこの考えを告げます。院も頼朝の勲功に感じ入り、処刑場の管理官に命じて刑場から義朝の首を探し出すと、正清の首も添えて近臣大江公朝を鎌倉に派遣します。頼朝は、わざわざ鎌倉の西の外境である片瀬川（境川）まで出迎えたといいます。僧文学（覚）の弟子が首から懸けていた遺骨を、頼朝はみずから受け取って帰還すると、水干から素服（喪服）に着替え、丁重に弔意を表しました。

書写山復興と信心の駆け引き　ところで、このできごとの最後には播磨書写山復興を支持する頼朝の意向を伝える記事が加えられています。なぜ敢えてここに挿入したのでしょうか。書写山円教寺《えんぎょうじ》は、平安時代中期の偉大な法華持経者《ほっけじきょうしゃ》である性空上人によって開かれた霊山です。このとき、都から義朝らの首に付き添ってやってきた大江公朝が院の近臣だったことは先にお話しした通りです。この件については、すでに高階泰経に意向を伝えていましたが、ここであらためて公朝をメッセンジャーとして、頼朝は重ねて復興の意思を院に伝えます。私はここに、院と頼朝の信心を介した一種の取り引きを見て取りたいと思います。

亡父の遺骨を、鎌倉においてねんごろに供養したいとの意向を後白河院は受け止めて、謀反人として処刑された人の首をわざわざ捜索させ、頼朝に引き渡しました。『平家物語』（巻五）では、しゃれこうべはもっと早い時期に文覚その人によってもたらされ、頼朝に平氏打倒の決意を促したことになっています。文覚は挙兵を躊躇する頼朝に、ふところから白布に包んだどくろを取り出して示し、「これこそわどのの父故左馬頭殿のこうべよ。平治の後獄舎のまえなる苔《こけ》のしたにうずもれて、後世とぶらう人もなかりしを、文覚存ずる旨あって、獄守にこうてこの十余年頸にかけ、山々寺々をおがみまわり、とぶらい奉れば、いまは一劫《いちごう》も助かり給いぬらん」とけしかけました。いずれにしても獄門にさらされて放置された頭蓋骨が、そう簡単に見つかるはずもないと私は思います。事実はともかく、『吾妻鏡』ではあらためて後白河院が頼朝の勲功を賞し、義朝の復権を図った象徴的な出来事として記されたのでしょう。

　これに対して、かねて院から要請のあった書写山復興について、このタイミングで頼朝が賛意を示したことは、がめつく言えばその対価でありましょう。もっとも両者には、持経者としての信心も共通してありました。院は出家する前から袈裟《けさ》をかけて法華護摩《ごま》を焚《た》き、出家後はますます法華信仰に専心していました。同時に、『法華経』読誦《どくじゅ》は二万部にも及んだといいます。院の六五年の生涯のなかで、毎日欠かさず一部を読誦したとしても、二万部読誦を達成したというならば、一〇歳のころすでにこの行《ぎょう》をスタートしていた計算になります。承安四年（一一七四）に書写山の如意輪観音宝前《にょいりんかんのんほうぜん》に参籠《さんろう》した後白河院が奉納した参籠札には「南無平等大会法花経　承安四年四月三日　智勝《ちしょう》〔証〕門人阿《あ》闍梨行真《じゃりぎょうしん》」「法華護摩二千余箇日行人《ぎょうにん》／法花読誦二万二千八百余部行者」と書かれており、すでに四七歳のときには二万部を越える読誦を達成していました（『性空上人伝記遺続集』）。

　こうした持経者としての信心によって、頼朝と後白河院は結ばれていきました〔菊地二〇〇七〕。ただしその結びつきは、純粋な信仰心の交感に終始するものではなく、しばしば政治的駆け引きと表裏一体となっていたことを忘れてはなりません。少なくとも『吾妻鏡』は、そうした宗教観に貫かれた書物でした。持経者としての頼朝をめぐる『吾妻鏡』の記事については、のちに詳しく取り上げましょう。

勝長寿院の性格　ところが、信心を通じて院と頼朝の絆が深まっているかに見えた裏では、すでに鎌倉入りを許されずに西国に返された源義経の不満が限界に達しつつありました。先に述べたように、頼朝はついに義経追討に動きだしますが、その少し前、鎌倉では先日到着した義朝の頭蓋骨が南御堂《みなみのみどう》こと勝長寿院に葬られます。

子刻、故左典厩の御遺骨〈正清の首を副う〉、南御堂の地に葬り奉る。路次は御輿《みこし》を用いらる。恵眼房・専光房等、この事を沙汰せしむるなり。武蔵守義信《むさしのかみよしのぶ》、陸奥冠者頼隆《むつのかじゃよりたか》、御輿、一品〈御素服を着し給う〉参り給う。御家人等、多く供奉《ぐぶ》すると雖も、皆郭外《かくがい》に止めらる。只、召し具さるる所は、義信・頼隆・惟義《これよし》等なり。武州は平治逆乱の時、先考の御共たり〈時に平賀《ひらが》冠者と号す〉。頼隆はまた、その父毛利《もうり》冠者義隆《よしたか》、亡者の御身に相替りて討ち取られ訖《おわん》ぬ。彼此旧好の跡を思し食《め》すに依り、これを召し抜かると云々。（文治元年九月三日条）

このとき、平治の乱で没した源義朝および鎌田正清の遺骨は輿に乗せられましたが、京都からの途上これを首に懸けてきた文覚の弟子というのが、永福寺《ようふくじ》初代別当ともなった恵眼房性我《しょうが》でした。彼は、頼朝側近の僧専光房良暹《りょうせん》とともにこの行事を差配します。

もはや頼朝は、兵乱で父を失った哀れな遺児ではありません。彼による亡父の追善は、同時に保元平治の乱から治承寿永の内乱にいたるまで、源氏に従って苦楽を共にしながら死んでいった多くの亡魂を

勝長寿院跡と大御堂谷

弔うという象徴的な意味を持ちました。鎌田正清の首をともに迎えて弔ったのは、たんに父の道連れになったという以上に、これら多くの武士やその遺族たちに向けての深い感謝のメッセージを込めたものでした。

あらためて素服を着た頼朝を中心に、御家人たちが供奉する中、遺骨は勝長寿院に埋葬されます。実際に最後まで供を許されたのは、平賀義信・毛利頼隆・大内惟義の三人の武士だけでした。義信（惟義はその息男）は平治の乱に際して義朝とともに戦い、また頼隆の父義隆は義朝の身代わりとなって討ち死にしたためである、と『吾妻鏡』は説明しています。

ここからも、勝長寿院がたんに頼朝の私的な菩提寺ではなく、源氏に仕えてきた多くの鎌倉武士にとって一族の功績を讃え、供養する場として建立されたことが分かるでしょう。この寺が、鎌倉において幕府が宗教政策上の柱と位置づける寺院の一角を占めるようになるのは、こうした性格を持っていたからに他ならないと思います。

少しのちの建久五年（一一九四）、ここで義朝の菩提を弔うことも兼ねて、正清の追善供養が営まれました。同院の僧をもって「如説法華三昧《にょせつほっけざんまい》」という仏事を千日にわたって催し、これにあわせて『法華経』を書写供養する如法経十種供養《にょほうきょうじっしゅくよう》を行ったといいます。頼朝・政子も結縁《けちえん》のために訪れますが、正清の男子を尋ね得なかったため、このとき参上した正清女子に対して尾張志濃幾《しのきの》（篠木）荘《しょう》・丹後田名部《たなべの》荘《しょう》の地頭職《じとうしき》が与えられました。

　如法経供養にはきらびやかな少年による舞楽などが加わる場合もあり、後白河院も好んだ儀礼でした［菊地二〇〇七］。文治四年の後白河院による如法経供養会の折には、院が写経奉納のため比叡山《ひえいざん》を訪れると、大衆は延年《えんねん》を催して院を歓迎しています。これは、死没者の鎮魂による平和の祈りを通じて、内乱の間に対立した院と延暦寺の融和を象徴したものでしょう。鎌倉勝長寿院の如法経供養の性格を考えるうえでも参考になる事例です。

落慶法要　その後、勝長寿院の造作は順調に進み、納骨の翌一〇月には落慶法要《らっけいほうよう》が執り行われました。この日は河越重頼《かわごえしげより》を責任者として、法会の会場を整えさせました。本堂左側には頼朝の御座、右側には政子以下一族女性の座、そして御家人の奥方らの聴聞席もありました。さらに僧二〇人分の布施が用意され、盛大な法会の規模を窺わせます。この会場に午前一〇時ごろ、束帯を着た頼朝が行列を従え歩いて登場します。先行の随兵《ずいひょう》に始まり、頼朝のすぐ後ろには五位・六位の人々、さらにまた多くの随兵が続きました。

　この華やかな行列に囲まれた頼朝は、いよいよ勝長寿院に到着します。

寺門に入らしめ給うの間、義盛《よしもり》・景時《かげとき》等、門外の左右に候て行事す。次に御堂上。胤頼《たねより》、参進《さんしん》して、御沓《くつ》を取る。高綱、御甲《かぶと》を着する間、前庭に候。観る者、これを難ず。脇立《わきだて》を以て甲の上に着くるは失たりと云々。ここに高綱の小舎人童《こどねりわらわ》、此の事を聞きて高綱に告ぐ。高綱、嗔《いか》りて曰《いわ》く、主君の御鎧《よろい》を着するの日、若《も》し事有るの時、先ず脇立を取りてこれを進むる者なり。巨難を加ふるの者、未だ勇士の故実を弁《わきま》えずと云々。（中略）次に導師公顕《こうけん》、件僧廿口を率いて参堂し、供養の儀を演《の》ぶ。事終りて布施を引かる。（中略）毎事、美を尽さざるは莫《な》し。作善《さぜん》の大功《たいこう》を思うに、已に千載一遇なり。

門内から本堂に上がるまでは、和田義盛や梶原景時、また千葉常胤《ちばつねたね》の息男東胤頼《とうたねより》ら有力御家人が、次々と作法に従ってその役を果たしていきました。そのひとりである佐々木高綱は、頼朝の兜を預かり、これを着けて本堂の前庭に控えていました。ところが、脇立という部品を兜の上に付けているのは間違いだと非難された高綱は、怒って言い放ちます。

主君の鎧を預かって着けているときに、もし急事があれば、まず脇立を取って進上するのである。大きな非難を加える者たちこそ、勇士の故実を弁えていないのである。

このような優雅な儀式の最中にも、じっさいに信用する御家人に甲冑を着用させて控えさせているのは、急事にこれをすみやかに着用できるようにとの備えなのでしょう。鎌倉中の御家人が一堂に会し、お互いの所作が眼に触れあうこのような盛大な宗教儀礼の場は、いかに「勇士の故実」に通暁しているかをアピールする絶好の機会としても、武士たちから大いに重視されました。

こうして始まった法会の導師は、わざわざ都から招いた僧正公顕でした。「どの点をとっても美麗を尽くさないことはなく、作善の功徳《くどく》を思えば、めったにない機会であったことだ」と『吾妻鏡』は締めくくっています。

勝長寿院から合戦へ　さりながら、これでめでたし、めでたしとは終わらないのが『吾妻鏡』ですね。続いて、以下のような記事が見えます。

> 還御《かんぎょ》の後、義盛・景時を召す。明日、御上洛有るべし。軍士等を聚《あつ》めて着到《ちゃくとう》せしめよ。其の内、明暁進発すべきの者、有るや。別して其の交名《きょうみょう》を注進すべきの由、仰せ含めらると云々。半更に及び、各申して云く、群参の御家人、常胤已下《いか》の宗たる者、二千九十六人。其の内、則ち上洛すべきの由を申す者、朝政《ともまさ》・朝光《ともみつ》已下、五十八人と云々。（文治元年一〇月二四日条）

このとき、いまだ治承寿永の内乱は収束していませんでした。勝手な任官により鎌倉への入場を禁じられた腰越《こしごえ》の一件をさかいに、頼朝の圧力に耐えかねた源義経は、この直前ついに反旗を翻し、西国に向かいながら抵抗勢力と化していったのです。背後にわだかまるこの軍事的緊張を思い出すとき、さきほどの佐々木高綱の発言もひときわ意味を持ってきます。

勝長寿院から御所に戻った頼朝は、もはや法会の余韻から完全に醒めていました。義盛・景時に、明日京都に向けて軍勢を進発するので武士を招集せよ、そのうち明朝にも出発できる者がいれば、名簿に記して報告せよ、と命令したのです。夜半に及び、彼らは頼朝にこう報告しました。

常胤以下、主要な武士は二〇九六人（が招集に応じます）。そのうち、すぐに上洛できると申すものは、小山朝政・結城朝光以下、五八人です。

わずか数時間のうちに手を尽くして御家人らの間を駆け巡り、二〇〇〇人を超える参加者を獲得したのです。そればかりか、正確な名簿を作成して下一桁まで数え上げています。ここにもまた、迅速を旨とする東国武士の機動性に富んだ軍事行動の一端を垣間見る思いがします。もちろん、実際には義経謀反の知らせが先にあって、裏で準備は始まっていたというのが実態であったにせよ、『吾妻鏡』はさりげなく数字を並べつつ、東国武士の世界の一端を描いて見せたのでした。このとき実際に頼朝自身が上洛することはありませんでしたが、使者として北条時政《ときまさ》を工作に向かわせます。その結果、義経こそ「日本第一の大天狗」と指弾しながら追討院宣で大義を獲得、その目的達成の名目で守護設置の勅許も得たことは先にお話しした通りです。こうして各地の抵抗勢力を一掃しつつ、武士の力を在地に浸透させていくきっかけを作りました。

思えば頼朝が御家人らを総動員して勝長寿院の落慶法要を挙行した目的も、たんに亡父の供養や自己の権威の誇示に留まらないでしょう。この場で武士らに来し方を振り返らせ、奉公の思いを新たにさせるとともに、ただちに来たるべき戦へと振り向けていったのです。幕府主催の大規模な法会は、こうした軍事行動へと武士たちを駆り立てるうえで精神的効果を発揮し、勝長寿院はその場としての機能を十分に果たしたのでした。『吾妻鏡』のダイナミックな叙述の工夫は、こうした意識に裏づけられていたのです。

3　持経者としての源頼朝

頼朝個人の信心　ここまでは、『吾妻鏡』が頼朝の天下草創を語るうえで、宗教的なレトリックをいかに駆使していたかの一端を見てきました。このような語り口は、じつは頼朝個人に対しても向けられているのです。ほんらい勇猛なイメージこそふさわしい武家の棟梁としての頼朝を、『吾妻鏡』がやや意外なことに、信心深い人として描くのはなぜなのでしょうか。幕府の首長としての頼朝個人を、『吾妻鏡』がどのような信心の体現者であってほしいと願っていたのかを読み取ってみたいと思います。鎌倉後期におけるまったくの創作なのか、それとも編纂時に取材した史料から編集方針に著しく齟齬しない範囲で依拠した史料にそれなりにもとづいているのか。他の史料も補足しながら、ここでは頼朝の信心を探ってみましょう。

そこで注目したいのが、「持経者」としての頼朝、言い換えれば頼朝の法華経信仰です。持経者とはなんでしょうか。私はかつて、日本の古代中世に活動した持経者と呼ばれる実践修行者の系譜を歴史的に検討しました。そこで得られた定義を一言で表せば、「経典を記憶して忘れず、とくに暗誦する修行者」ということになります。さまざまな経典や陀羅尼《だらに》（仏の徳や教理の要を賛美し、総括した呪文）の持経者の事例が残されていますが、その中でも『法華経』が多数を占めます。平安時代中期までの持経者は、山林修行者のような専門的な宗教者で、『法華経』の霊験説話を集成した『法華験記《ほっけげんき》』にも、多くの持経者が登場します。ところが平安時代の後期になると、在家の人物のなかにも著しく法華経信仰に傾倒する人が現れるようになります。彼らの中には、『法華経』のすべてのテキストを暗誦し、毎日のように読誦を繰り返して、一生の間に一万部、二万部とその通算部数を競う人々も多く表れます。頼朝もまた、そのような在家の持経者のひとりであったようです。

『法華経』千部読誦と走湯山　すでに見たように、頼朝は以仁王の令旨を得て挙兵を決心するものの、やがて苦悩に陥ります。その理由はなんと、ひごろ目標として続けてきた『法華経』千部読誦の心願《しんがん》が果たせなくなるから、というのです。

昨日御書を遣わし、走湯山住侶文陽房覚淵《かくえん》を召さる。今日北条御亭に参向す。武衛、件の龍象《りようぞう》に13談じ仰せられて云く、吾、心底に挿すことあり。法華経の読誦、一千部の功を終わるの後、宜《よろし》く其の中丹《ちゆうたん》14を顕わすべきの由、兼日素願有りと雖も、綷《こと》已に火急の間、殆《ほとん》ど後日に延べ及び難し。仍ち転読分の八百部、故《ことさら》に仏陀に啓白《けいびやく》せんと欲す、如何てえり。覚淵申して云く、一千部を満さずと雖も、啓白せらるるの条、冥慮に背《そむ》くべからずてえり。則ち香花《こうげ》を仏前に供えて、その旨趣を啓白す。先ず表白《ひようびやく》を唱えて云く、君は、忝《かたじけな》くも八幡大菩薩の氏人、法華八軸の持者なり。八幡太郎15の遺跡《ゆいせき》を稟《う》け、旧の如く東八ケ国の勇士を相従え、八逆《はちぎやく》凶徒の八条入道相国16一族を対治せしめ給うの条、掌裏《しょうり》に在り。是れ併《しかしなが》ら此の経八百部読誦の加被に依るべしと云々。武衛、殊に感嘆欽仰《きんぎょう》し給う。事訖《おわ》りて、施物を賜う。判官邦通《くにみち》17これを取る。晩に及び、導師退出す。門外に至るの程、更にこれを召し返す。世上無為の時、蛭島《ひるがしま》においては、今日の布施たるべきの由仰す。覚淵頻《しき》りに喜悦の気有りて、退出すと云々。（治承四年七月五日条）

13　高徳のすぐれた人物を龍と象にたとえたことば。多く聖者・高僧の意に用い、また、僧の敬称としても用いる。
14　偽りのない心。まごころ。赤心《せきしん》。丹心《たんしん》。
15　源義家《よしいえ》（一〇三九―一一〇六）。頼義男。陸奥守兼鎮守府将軍として前九年・後三年合戦に活動。
16　平清盛。
17　藤原。頼朝の右筆《ゆうひつ》。判官は検非違使《けびいし》の官人。

この日、北条亭に走湯山の住僧覚淵を呼んだ頼朝は、挙兵に際して心底気がかりなあることについて、相談を持ち掛けます。それは、ひごろ志していた『法華経』の千部読誦についてでした。現在では、手慣れた僧侶でも一部の読誦に午前中いっぱいかかると言いますが、中世の持経者は一刻（二時間）ほどで完了したとも史料に見えます。しかし在家の頼朝の場合、毎日一部を日課としても、三年ほどはかかるはずでした。いくら持経者を自負する頼朝でも、挙兵を控えたわずかの時日にあと二百部の読誦を完了することは到底無理でしょう。そこで志半ばではあるが、八百部をもってとりあえず仏前に報告式を挙げたいがどうだろうか、と覚淵に相談したのです。

覚淵はこれに賛成し、香や花を仏前に備えて頼朝の信心を仏に告げる「啓（敬）白」の儀礼を執り行いました。そのときに実際に唱えたとされる「表白」が、後半に収められた文章です。頼朝は八幡神の氏人であり、「法華八軸の持者」である、八幡太郎（源義家）の跡を継いで関東八国の武士を従え、八逆（律令でもっとも重い罪）を侵した八条入道相国（平清盛）を退治しようとしている。これはすべて、『法華経』八百部読誦の功徳によるのである、と述べています。注意深く読んだ方はすでにお気づきのように、この表白は「八」という数字をたくみに織り込み、頼朝の八百部読誦の功徳を肯定的に賛える効果を高めています。あるいは鎌倉時代後期に、『吾妻鏡』編纂のために走湯山の所蔵文書を調査するなかで、この表白が見出され、『吾妻鏡』に収録されたかもしれません。ただし、この記事の最後には、敬白の儀式を終えて立ち去ろうとする覚淵を頼朝が呼び返し、平氏打倒のあかつきには、かつて自分が最初に流されていた蛭島をこの仏事の布施として与えようと約束したことが記されています。のちに走湯山が所領としてこの地を主張する際、由緒としてこの説話を創作した、ということも考えられます。

走湯山という場　ここに頼朝が帰依した覚淵もまた、走湯山こと伊豆山権現の住僧でした。先にも述べた通り、この寺社は幕府の宗教政策のかなめに置かれていきました。走湯山は鎌倉に近いだけでなく、箱根権現とともに東海道の要所に位置していたのがその理由の一つではないでしょうか。このような寺社には、宗派を越えて多くの学僧や修行者の往来が見られるようになります。やがて鎌倉時代の終わりごろからは、講師と聴聞者が比較的自由な形で双方向的に仏教教理上の議論を交わす「談義《だんぎ》」の場ともなりました。頼朝の時代の走湯山では、いまだそこまでの段階に達していたとは思えませんが、それでもすでにさまざまな宗教者の集う場となっていたようです。

彼は他にもさまざまな小仏事をみずからに課していました。それらもまた、『法華経』千部読誦と同様に中断しなければならないことを気遣ったのは、妻の北条政子でした。ここでも伊豆山が役割を果たしました。ただし、今度は尼僧でした。

> 武衛年来の間、浄不浄《じょうふじょう》を論ぜず、毎日御勤行《ごんぎょう》等有り。而《しか》るに今自《よ》り以後、戦場に交わらしめ給うの程、定て不意の御怠慢有るべきの由、歎き仰せらる。爰に伊豆山に法音と号するの尼有り。是れ御台所《みだいどころ》[18]の御経師、一生不犯《ふぼん》の者為りと云々。仍て日日の御所作を件の禅尼に仰せ付けらるべきの旨、御台所申さしめ給う。即ち目録を遣わさる。尼、領状を申すと云々。
>
> （治承四年八月一八日条）
>
> 18　北条政子。頼朝の正妻。

頼朝が年来忌中など不浄の状態にあるときにも毎日続けてきた勤行も、さすがに戦場において実行しがたい状況があるのではないかと歎くので、政子は走湯山住僧で年来政子の師匠でもあった法音尼に、この日課の勤行を代わるように依頼したのでした。以下、この記事には続けてそれまでの頼朝による勤行の目録が掲載されています。まず、『般若心経《はんにゃしんぎょう》』一九巻は、鶴岡八幡宮や頼朝の母方の出自である尾張

妙真の往生　『法然上人行状絵図』巻 24 より，知恩院所蔵

の熱田《あつた》神宮、伊豆・箱根や三島《みしま》・富士などの在地の神々、そして熊野《くまの》・住吉《すみよし》・祇園《ぎおん》など遠く畿内の諸社への法楽《ほうらく》のためでした。そのほか、『観音経《かんのんぎょう》』『寿命経《じゅみょうきょう》』『毘沙門経《びしゃもんきょう》』や薬師陀羅尼などは自身の所願成就・子孫繁昌のため、そして念仏一一〇〇返は先祖の菩提と亡父義朝、そして、ともに勝長寿院に葬られたと紹介した鎌田正清のためでした。

　このような勤行を肩代わりするのにふさわしい道心堅固《どうしんけんご》の尼が、当時の走湯山にいたことは、この宗教的な場の性格を考えるうえで見逃せません。鎌倉時代の中期以降、奈良西大寺《さいだいじ》を拠点として活動した叡尊《えいぞん》教団においては、受戒《じゅかい》によって女性たる尼が男性の僧と同等の地位を獲得し、他の教団においてもじょじょに尼の活動が活発となります。しかし、それまで女性は出家しても一人前の僧となる道はながく断たれていたのでした。そうした一二世紀の社会状況のなかで、ここにはすでに一人前の宗教者として活動する尼がいたことになります。

　さらに『法然上人行状絵図《ほうねんしょうにんぎょうじょうえず》』（巻二四）には、おなじく伊豆国走湯山に暮らした、妙真《みょうしん》という尼の往生を伝えます。妙真は『法華経』の持経者であり、また真言《しんごん》の行人でしたが、上洛の折に法然の教化《きょうけ》に預かり、専修念仏《せんじゅねんぶつ》に帰依します。やがて実際に仏を見る「観仏《かんぶつ》」の体験などがあり、「明日の申刻に往生する」と予言しました。それまで病むこともなかったのに、予言通りの時刻に端坐合掌《たんざがっしょう》し、高声に念仏を唱えると、天には妓楽《ぎがく》が聞こえ、不思議な香りが室内に満ちて往生したといいます。こうした専修念仏のような、都で起こった新しい教えも、おそらく東海道を往来する宗教者らによって、いち早く走湯山にもたらされ、あらたな念仏修行の拠点が立ち上がっていったことでしょう。のちに発作的に出家し鎌倉を出奔《しゅっぽん》してしまったという熊谷直実《くまがいなおざね》も、まずは走湯山に立ち寄って念仏の談義に参加し、いったんは怒りを収めたという説話を『吾妻鏡』は詳しく伝えています（建久三年一二月一一日条）。

信心と安堵　頼朝個人の信仰が多様であったことは、ここまでで少しずつ伝わってきたのではないかと思います。それにもかかわらず、『吾妻鏡』の記事を見ていると、やはり持経者としての頼朝の信仰を強調する雰囲気を感じずにはいられません。少なくとも『吾妻鏡』の編者は、彼らが集めた関連史料の中に政治性を折り込みながら、頼朝の信仰の一側面として強調したように見えます。とくに平氏滅亡後から奥州合戦にいたる文治年間には、戦後処理の過程でこの種のエピソードが随所に登場します。

文治二年（一一八六）六月、平家に味方した大宰府安楽寺《あんらくじ》の別当安能《あんのう》は、頼朝の勘気《かんき》を蒙《こうむ》ります。そこで安能は、後白河院による御願《ごがん》を挙げ、自分はこれらを宗教者として忠実に執行してきたのだから許してほしいと弁明します。それは、①宝前に一〇口の僧侶を招き、毎月一万巻の『観音経』を転読し、同じく観音像一万体を摺供養《すりくよう》した、②宝前に持経者を招き、毎日『法華経』一部を転読させた、③宝前において、寺僧三口により長日に『大般若経』を転読させた、という三ヵ条でした（文治二年六月一五日条）。安楽寺は、大宰府天満宮に付属する神仏習合の寺院でした。①は観音供養で、「摺供養」つまり版木で刷られた小型の仏像を一摺するごとに観音経一部を読誦したのでしょう。天満宮の本地《ほんじ》（神の仏としての本当の姿）は十一面観音ですが、さらに観音経は『法華経』の一部分でもありました。この点で、②とつながっていきます。③は、天満宮への法楽でしょう。

ここで、いままで見てきた持経者としての頼朝の信心を踏まえれば、とくに②が重要です。つまり安能は頼朝の信心を見透かし、わざわざこの点を強調して頼朝に報告したのではないでしょうか。また『吾妻鏡』は、頼朝を熱烈な観音信仰者としても描いており、この点では①も気になるところです。この問題は、のちにまとめて扱ってみたいと思います。ここでこの記事に関連してもう一点押さえておきたいのは、安楽寺のこれらの仏事は後白河院の御願によるものであったと安能が強調していることです。後白河院が深く観音を信心していたことは、彼の造立にかかる壮麗な三十三間堂《さんじゅうさんげんどう》の千体観音像を見るだけでも明らかでしょう。加えて後白河院もまた、持経者としてよく知られていました［菊地二〇〇七］。おそらく安能はこの点も踏まえたうえで、必死に宥免《ゆうめん》をアピールしたのでしょう。ここにも、信心の政治性が垣間見られます。

信心と主従制　このような頼朝の持経者としての信心は、『吾妻鏡』のなかでは敵対した武士らとの関係を修復し、御家人として取り込んでいくうえでも有効な役割を果たしたかのように描かれています。つぎの記事は、石橋山合戦において平家方として佐奈田義忠《さなだよしただ》を討ち取った長尾定景《ながおさだかげ》に関して語ったものです。

長尾新六定景、厚免を蒙る。是れ去年、石橋合戦の時、佐奈田余一義忠を討つの間、武衛殊に奇怪に処せられ、義忠父岡崎四郎義実に賜る。義実は、元自り慈悲を専らにする者なり。仍て梟首《きょうしゅ》19する能《あた》わず。只、囚人として日を送るの処、定景、法華経を持せしむ。毎日転読し、敢て怠らず。而して義実、去夜、夢告有りと称して、武衛に申して云く、定景愚息の敵たるの間、誅戮《ちゅうりく》を加えずんば、鬱陶を散じ難しと雖も、法華の持者たり。読誦の声を聞く毎に、怨念漸《ようや》く尽く。若し誅せらるれば、還て義忠の冥途の讎《あだ》たるべきか。これを申し宥ぜんと欲すてえり。仰せて云く、義実の鬱陶を休めんが為に、下し賜わり畢ぬ。法華経を優じ奉るの条、尤も同心なり。早く請に依るべしてえれば、則ち免許すと云々。（治承五年七月五日条）

19　斬罪《ざんざい》に処した罪人の首を木にかけてさらすこと。また、その首。鎌倉時代以降、獄門《ごくもん》ともよばれた。梟示《きょうじ》。竿首《かんしゅ》。さらしくび。

頼朝に従った義忠を討った罪により、頼朝は「奇怪な奴だ」とばかりにこれを捕らえて、義忠の父である岡崎義実に身柄を預けます。普通なら、まず息子の仇《かたき》として殺されてしまうでしょう。ところが義実は慈悲深い人で、定景を殺害できないままに囚人として拘禁し、日を送っていました。すると定景は毎日『法華経』を誦して怠らなかったと言います。そこで義実は、昨晩夢のお告げがありましたと頼朝に申し出ます。「私は愚息の敵として（定景を）殺戮しなければ鬱憤も晴れないところですが、持経者として毎日『法華経』を読誦する声を聞くうちに、怨念もだんだんに尽きました。殺しては、却って義忠の冥土の障りとなるでしょうから、許してやっていただきたい」と義実が訴えると、頼朝も「あなたの鬱憤を晴らすために身柄を預けたが、『法華経』を大事にする気持ちはあなたと一緒である。すぐにあなたの言うとおりにしよう」と言って、罪を許します。

同じような措置は、奥州合戦の後にも行われました。樋《ひ》爪《づめ》俊衡《としひら》らは平泉藤原氏の一族ですが、合戦終了後に捕虜となりました。

> 樋爪太郎俊衡入道幷に弟五郎季衡《すえひら》、降人《こうにん》として厨河《くりやがわ》に参る。俊衡、子息三人を具す（中略）。季衡、子息一人を具す（中略）。二品、彼等を召し出し、其の体を覧ず。俊衡、齢已に六旬《ろくじゅん》に及ぶ。頭、亦た繁霜《はんそう》を剃る。誠に老羸《ろうるい》の容貌、尤も御憐愍《れんみん》に足るなり。八田《はった》右衛門尉知家《ともいえ》に召し預けらる。知家、これを相具して、休所に帰る。而して俊衡、法華経を読誦するの外、一言を発せず。知家、本自り仏法を崇敬するの士なり。仍ち随喜甚深なりと云々。（文治五年九月一五日条）

子息三人を連れて御前に進み出た俊衡の姿を頼朝が見ると、年はすでに六〇代で、頭を剃って出家していました。戦のせいで整える暇もなかったのでしょうか、少々白髪が生えていました。当時としてはすでに高齢の姿を見て、敵とはいえ頼朝も憐憫の情を抱きます。身柄を八田知家に預け、知家が休所に連行してくると、俊衡は『法華経』を読誦する以外に一言も発しません。潔く処刑を覚悟して、ひたすら後生《ごしょう》を祈ったのでしょう。がんらい仏法を崇敬してきた知家は、その姿に深く感銘を受けます。そこで翌日、頼朝の御前に参ってこのことを報告しました。『吾妻鏡』は「頼朝もひごろからこの経を誦して信心しているので」と地の文でわざわざ補足したうえで、頼朝が俊衡の本領である比（樋）爪の地を安堵したこと、さらに「十羅刹《じゅうらせつ》が照覧することを考えて、優遇した」と俊衡に言い含めたことを記しています。十羅刹とは、『法華経』守護の女神のことで、彼女らが見守っていることに応えて持経者であるおまえを許したのだ、というわけです。さらに『吾妻鏡』によれば、後日俊衡は、頼朝が宇都宮社に奉賽《ほうさい》として所領を寄進した際に、職掌に指名されました（同年一〇月一九日条）。この措置から推しても、新たに獲得した奥州に根を張っていた旧勢力の懐柔策があったことは明らかでしょう。

ただし、『吾妻鏡』には、持経者でありながら断食により命が助からなかった平盛国《たいらのもりくに》の話も見えています。頼朝は、（定景のように）盛国の命も救ってやればよかったのに、それができなかった自分を内心とても恥ずかしく思う、と語ったといいます。しかし、じつのところは持経者としての信心があればすべて助命されたわけではなく、頼朝との親疎《しんそ》や、敵対勢力を許すことによる現地支配のメリットなど、いろいろ勘案して決断が下された可能性もあるでしょう。

今日の講義は、そろそろ終わりにしなければなりません。明日は、こうした頼朝個人の信心を軸とする『吾妻鏡』の宗教関連記事が、やがて鎌倉幕府の宗教政策の進展の中で違った意味づけをされてゆく様に注目しながら、引き続き講義を進めてゆきましょう。

第二講　個人の信心から都市鎌倉の宗教へ

1　源頼朝の観音信仰

髻の観音像　昨日は幕府草創期の『吾妻鏡』の記事に注目し、頼朝個人の信心《しんじん》に光を当てながらお話いたしました。今日は、最初にもう少しその続きとして、頼朝の観音信仰の問題を取り上げましょう。さかのぼって頼朝の挙兵間もない石橋山合戦の折、大庭《おおば》景親《かげちか》ら平氏方の捜索を逃れて山中を逃げ回る緊迫した状況を、『吾妻鏡』は次のように語ります。

> 武衛《ぶえい》、杉山の内、堀口の辺に陣し給う。大庭三郎景親1、三千余騎を相率いて重ねて競い走る。武衛、後の峰に逃れしめ給う。（中略）景親、武衛の跡を追い、嶺渓を捜り求む。時に梶原《かじわら》平三

景時《かげとき》という者有り。慥《たし》かに御在所を知ると雖《いえど》も、有情《うじょう》の慮を存じ、此の山、人跡なしと称して、景親の手を曳《ひ》き傍らの峰を登る。此の間、武衛御髻《もとどり》中の正観音像《しょうかんのんぞう》を取り、或る巌窟《がんくつ》に奉安せらる。実平《さねひら》、其の御素意《そい》を問い奉る。仰せて云く、首を景親等に伝えるの日、此の本尊を見、源氏大将軍の所為に非ざるの由、人、定て誹《ひ》を胎《はら》むべしと云々。件の尊像は、武衛三歳の昔、乳母[2]清水寺《きよみずでら》に参籠《さんろう》せしめ、嬰児の将来を祈りて、懇篤《こんとく》にして二七箇日を歴《ふ》。霊夢の告《つげ》を蒙り、忽然《こつぜん》として二寸銀正観音像を得て、帰敬し奉る所なりと云々。（治承四年八月二四日条）

1　景忠男。景義弟。大庭氏はもと源氏の家人であったが、景親は平氏に転じる。のちに敗死。
2　比企尼《ひきのあま》。

頼朝はいったん陣を定めたものの、三千余騎を率いた景親に追い立てられて、背後の山に逃げ込みます。このとき平氏方として捜索に加わった梶原景時は、じつは頼朝の在所を知っていましたが、この山には人跡がないと称して景親の手をみずから取り、他の山に誘導します。こうして頼朝の危機を救った景時は、のちに幕府草創の功臣として重きをなしてゆくことになります。いっぽう潜伏中の頼朝は、やおら髻から二寸（六センチ強）の銀製の聖観音像を取り出すと、山中の岩窟に安置しました。ここまで行動をともにしてきた土肥実平がそのいわれを問うと、「もし自分の首が討ち取られて景親の手に渡ったとき、この仏像を（髻の中に）見つけて源氏の大将軍らしくない、と馬鹿にされたくないのだ」と語ります。この仏像は頼朝が三歳のとき、都で乳母がこの幼子の「将来」を熱心に祈って清水寺に二七日《にしちにち》

（一四日間）参籠し、夢のお告げによって忽《たちま》ちに手に入れたものでした。頼朝はこれを、持仏《じぶつ》として崇敬していたのです。

なぜか弱気な武家の棟梁　こんな危機的状況にあっても仏法《ぶっぽう》への信心、とくに観音信仰に篤い武家《ぶけ》の棟《とう》梁《りょう》としての頼朝、これも『吾妻鏡』の創作性を考えるときに悪くはないイメージです。しかしいっぽうで、頼朝自身が語っているように、髻に仏像を隠すことが武家の棟梁にふさわしくない、つまり少々弱々しい印象を与えるような行為であったとするならば、なぜ敢えてそのようなエピソードを編者は採択してここに挿入したのでしょうか。しかも、正直なところ生きるか死ぬかというこんな状況で、仏像をどうにかしている場合だったのでしょうか。

　そもそも、彼の観音像への、いささか奇妙なまでのこのこだわりは、決起のはじめ、つまり『吾妻鏡』のほとんど冒頭にまで遡ります。

弥《いよい》よ人数無きの間、明暁兼隆《かねたか》[3]を誅せらるべきの事、聊《いささ》か御猶預《ゆうよ》有り。十八日は、御幼稚の当初自《よ》り、正観音像を安置し奉り、放生《ほうじょう》を専らにせらるる事、多年を歴《へ》るなり。今更これを犯し難し。十九日は露顕、其の疑い有るべからず。而《しか》して渋谷庄司重国《しぶやのしょうじしげくに》、当時平家に恩仕たり。佐佐木《ささき》と渋谷、亦同意の者なり。一旦の志、左右無く密事を彼の輩《ともがら》に仰せ含めらるの条、今日不参に依り、頻《しきり》に後悔す。御心中を労《いたず》かしめ給ふと云々。

（治承四年八月一六日条）

3　山木《やまき》。伊豆《いず》国目代《もくだい》。平家方の武士として頼朝を監視していた。

治承四年（一一八〇）も八月一六日、ついに明暁決起という段になって、頼朝のもとにはどうしても兵力が不足していました。いったん計画を延期しようかという段になって、頼朝は渋ります。なぜなら一八日は、観音の縁日だったからです。幼いときからこの日には毎月、例の持仏の観音を安置し、生き物を野や河川に放って殺生の罪を懺悔する放生を行ってきた、こんな日に戦などあり得ない、というわけです。かといってさらに日延べしては、きっと決起の情報が漏れてしまうだろう、うっかり平家に仕える渋谷重国に計画を話してしまったので、重国と同心している佐々木定綱《さだつな》らも参上しないに違いない、と疑心暗鬼になり、彼はさらに苦悩します。それにしても、なにより隠密・迅速を常とする軍事行動において、しかも絶対的に不利な状況下において、生きるか死ぬかというときに、観音の縁日など気にしている方があり得ない、と私は思います。

けっきょく、予定通り兼隆急襲は一七日未明に決行されました。佐々木一族も遅れて駆け付けたことにより、辛くも成功を収めたのです。観音の縁日を避けて行動したことが功を奏した、これも観音のご利益《りやく》だ、ということなのでしょうか。とはいえ、この頼朝の優柔不断さは、大将軍たる武家の棟梁として、いかにも情けないのではありませんか。なぜこんな頼朝像を、『吾妻鏡』は敢えて描いているのでしょうか。この疑問に答えるためには、『吾妻鏡』に見える頼朝の観音信仰をもう少し丹念に追ってみる必要がありそうです。おそらくカギとなるのは、この観音像が京都清水寺の観音の霊夢によって得られた本尊、いわばその分身であるということではないでしょうか。

観音像の発見　とりあえず、話を石橋山の合戦における山中逃避行に戻しましょう。このあとなんとか房総半島まで逃げ延びた頼朝が、関東武士の支持を得ながら反時計回りに関東平野を進軍し、鎌倉に入ったのが同年一〇月でした。その二ヵ月後、敗走の折に山中に取り残してきた観音像が探し出され、鎌倉に送り届けられます。ようやく一息ついた頼朝の命によって捜索が行われ、伊豆山《いずさん》の住僧専光房良暹《りょうせん》の弟子が探し当てると、仏具としての水桶に入れて捧げ持ってきたのです。頼朝は合掌してこれを受け取り、ますます信心を深めたといいます。

この記事を、『吾妻鏡』は治承四年一二月二五日条にかけています。そして同日、南都《なんと》ではあの平重《たいらのしげ》衡《ひら》による東大寺《とうだいじ》焼き討ちが起きました。「重衡朝臣、為二平相国《へいしょうこく》禅閤使一、相二率数千官軍一、為レ攻二南都衆徒一首途云々」と、『吾妻鏡』は同日条の最後にこの事件の第一報を書き込むことを忘れません。東国で頼朝が仏法にますます篤い信心を寄せるのと裏腹に、その仏法を滅亡させる平氏の悪行が極まり、平重衡が南都攻撃のため出発した、と記す編者の意図を、さすがにここからは読み取ってもよいかと思います。

奥州合戦と観音像　観音像も頼朝の手元に帰り、めでたしめでたし、というところで、しかし『吾妻鏡』のこの観音像をめぐる物語は終わりません。いわば、第二部があるのです。奥州合戦に際しての神仏の霊験説話《れいげんせつわ》としては願成就院《がんじょうじゅいん》の建立が有名ですが、並行してほかにも『吾妻鏡』に記されているのが、この観音像をめぐる説話です。

伊豆山住侶専光房を召して、仰せて曰く、奥州征伐の為、潜《ひそ》かに立願有り。汝、持戒《じかい》の浄侶なり。留守に候て、祈精を凝らすべし。将又《はたまた》、進発の後、廿ヶ日を計《かぞ》えて、此の亭の後山に於いて、故に梵宇《ぼんう》を草創すべし。年来本尊の正観音像を安置し奉らんが為なり。別の工匠に仰すべからず。汝《なんじ》、自ら柱許《ばか》りを立て置くべし。営作に於ては、以後、沙汰《さた》有るべしてえり。専光、領状を申す。又、伊豆国北条《ほうじょう》に於いて、伽藍《がらん》を立つべきの由、御立願。同じく彼の征伐の御祈禱の為なりと云々。今日、能員《よしかず》、奥州に進発すと云々。（文治五年七月一八日条）

奥州合戦出発の日に、頼朝は専光房良暹に命じて、持戒清浄の僧である彼に留守中の祈禱を依頼するとともに、奥州合戦のためにひそかに願を立てたいと伝えます。それは軍勢の進発から二〇日後に、「此亭後山」つまり幕府の大蔵御所《おおくらごしょ》の裏山に寺院を建立するというものでした。この堂宇に、年来信心してきた例の聖観音像を安置するというわけなのです。別に大工に頼むのではなく、おまえが自らまず柱だけを立てよ。その後の造作は、後に指図するがいい、と頼朝は命じます。なにやら謎めいた依頼なのですが、その背景がのちに明らかになります。この記事に続けて、ほんらい北条氏が主導していたはずの願成就院建立もまた、奥州合戦勝利という頼朝の立願にかかることが述べられています。

この日、ついに比企《ひき》能員が奥州に向けて進軍を始めました。両軍激突の日が、まもなく訪れます。

金剛《こんごう》別当秀綱《ひでつな》[4]、数千騎を率いて、阿津賀志山《あつかしやま》の前に陣す。卯刻、二品《にほん》、先ず試しに畠山《はたけやま》次郎重《しげ》

願成就院

忠《ただ》・小山《おやま》七郎朝光《ともみつ》・加藤《かとう》次景廉《かげかど》・工藤《くどう》小次郎行光《ゆきみつ》・同三郎祐光等を遣し、箭合《やあわせ》を始む。秀綱等、これを相防ぐと雖も、大軍襲い重なり攻責の間、巳刻に及び、賊徒退散す。秀綱、大木戸《おおきど》に馳せ帰り、合戦敗北の由を大将軍国衡《くにひら》に告ぐ。仍《よっ》て弥《いよい》よ計略を廻らすと云々。（中略）今日早旦、鎌倉に於て、専光房、二品の芳契《ほうけい》に任せて、御亭の後山に攀《よ》じ登り、梵宇の営作を始む。先ず白地、仮柱四本を立て、観音堂の号を授く。是れ、御進発の日より廿日たるべきの由、御旨を蒙《こうむ》ると雖も、夢想の告げに依り、此くの如しと云々。しかして時刻自《おのずか》ら阿津賀志山の箭合に相当る。奇特《きどく》と謂《い》うべしと云々。

（文治五年八月八日条）

4　平泉藤原氏方の武士。

この記事の前半は、勝敗を分けた有名な阿津賀志山の合戦についての記事です。この山のふもとに平泉藤原氏方の金剛秀綱が陣を構えると、鎌倉方は畠山重忠以下の勇士を派遣して、矢合わせを行わせま

阿津賀志山の防塁　国見町教育委員会提供

した。やがて合戦は本格的となり、大軍が衝突します。時を移してようやく平泉方は敗退し、秀綱らは本陣に帰って大将である藤原国衡に、合戦敗北の報告をします。平泉方は、さらに作戦を練り直すことになりました。

中略を挟んで後半は、同日の鎌倉における出来事が語られます。このとき専光房は、頼朝との約束通りに御所の裏山によじ登り、寺院の造作を始めました。とにかく仮に四本の柱を立て、「観音堂」と名づけます。進発の二〇日後に実行せよとの命を受けたが、これは夢想のお告げによるもので、このように取り計らったのでした。ところがこのときこそ、まさに阿津賀志山の合戦と同日時であり、頼朝軍の優勢が決定的となった瞬間だったのです。リアルタイムの通信手段もない当時、もちろん現地の情勢をすぐに知ることなど不可能ですから、これこそ神仏のお計らいである、という説話です。ついに例の観音像は、頼朝に奥州合戦の勝利までをもたらし、霊験によって名実ともに彼を東国の大将軍へと押し上げたのです。

失われた清水観音縁起

以上に見てきた頼朝の持仏、銀二寸観音像をめぐる二部構成の説話は、がんらい一連のものだったでしょう。おそらく何らかの縁起として成立していたものを『吾妻鏡』が取り込み、時系列的に割裂して記事として加工し、挿入したものと私は考えています。たとえば、観音堂が建てられた大蔵御所の裏山には、頼朝の没後にその墓所であり菩提《ぼだい》を弔うための法華堂が建立されました（現在は廃絶）。その一角に、かつての頼朝の持仏が祀られ、縁起が作成されたということは、あり得そうな話です。さしずめ〈頼朝法華堂観音絵詞〉といった類のものです。もちろん、実在は確認できません。

頼朝の聖観音像をめぐる私の考察は、ここでいったん終わりました。

ところが最近、中世の清水寺縁起を収めた『如意鈔《にょいしょう》』という史料を丹念に紹介分析した近本謙介さんのご研究に接し、この私の推論ははなはだ不十分であったことを痛感しています〔近本二〇一九〕。近本さんによると、『如意鈔』は鎌倉時代前期の興福寺《こうふくじ》学僧として著名な解脱房貞慶《じょうけい》が、唱導のために制作したものです。ここから、中世の清水寺では創建にかかわった五人の人物（五祖《ごそ》）が崇敬されていたことが知られます。貞慶は、このうちとくに平安前期に朝廷の東北侵攻に功のあった征夷大将軍坂上田村麻呂《さかのうえのたむらまろ》に注目し、源実朝《さねとも》との関係を強調することを通じて鎌倉幕府に清水寺の存在をアピールし、外護《げご》を得ようとしたのではないか、と近本さんは推測しています。まことに説得力のある説と言わねばなりません。のちに源氏将軍がいずれも征夷大将軍に補せられたことから推せば、彼らを田村麻呂の再来であるかのように喧伝して清水寺の霊験をアピールすることは、自然な発想でしょう。

この意味では『如意鈔』を離れて、さらに清水寺と源氏将軍の関係を一般化できる可能性もあることになります。かつて挙兵した頼朝の危機を救っただけではなく、のちには奥州合戦において「蝦夷」たる平泉藤原氏を「征伐」する際にも大いなる力を発揮したこの観音の霊験譚は、田村麻呂を媒介として東国の人々の信心を清水寺に誘導するのに十分な効果を発揮したことでしょう。こうして成立したはずの原縁起においては、頼朝の持仏であった観音像が最終的にどこに祀られたのかということに、必ずしも主要な関心はないことになります。もしかすると、この聖観音像の存在自体、原縁起が受容者の視線を清水寺に誘導するための、完全なフィクションだったかもしれません。

頼朝の清水寺参詣　そのような目で、ふたたび『吾妻鏡』を開いてみると、つぎの記事が目に留まります。

> 亜相《あしょう》、清水寺に御参、御車なり。供奉《ぐぶ》の人、八幡詣の人数を用いらる。但し、随兵《ずいひょう》の中、小山七郎朝光・和田太郎義盛二人、御車の前に相列すと云々。彼の寺に於て、衆僧をして法華経を読誦《どくじゅ》せしむ。施物《せもつ》多々と云々。（建久元年一一月一八日条）

ついに奥州を支配下に組み込んで、ともかくも東国全体に安定的な基盤を築いた頼朝は、ようやく建久元年（一一九〇）になって上洛し、亜相＝（権）大納言や右大将に任官され、後白河院とも対面しまし

清水寺本堂

た。このとき彼は、源氏の氏神として特別関係の深い石清水八幡宮の他に、清水寺を参拝しています。ここでは自身の持経者としての信心から、多くの僧に『法華経』を読誦させました。もっともこの記事は、乗り物や供奉の人々について簡略に記録されているだけであり、これまでの観音像関係の記事とは明らかに記述方式が異なります。おそらく原縁起とはべつの、日記などに取材したものでしょう。

　このときの上洛では、後白河院の同意が得られなかったと見えて、征夷大将軍には補せられていません。もし縁起に取り入れられるとすれば、むしろ建久三年七月、後白河院崩御によって力を増した摂政九条兼実《くじょうかねざね》の働きかけにより、征夷大将軍任官が実現したあたりにかけて語られそうなものです。しかし、このとき頼朝は上洛せず、鶴岡八幡宮で勅使からこの官を拝受しています。つぎに頼朝が上洛するのは、建久六年の東大寺供養の際ですが、このときの記事に縁起に関係するような清水寺参詣の記事はありません。けっきょく、原縁起に頼朝の清水寺参詣の場面が語られたかどうか、不明というほかありません。

京へのまなざし　いずれにしても、この説話は新興の武家の関心を京都の寺院に引き付けるうえで、おおきな役割を果たしたことでしょう。つまり説話の基調は必ずしも東国にはなく、むしろ京都の文化的素養の影響下に形成されたように思われます。頼朝が、乳母から与えられた観音への信心にこだわる、いっけん気弱な武家の棟梁に描かれているのには、こうした背景が考えられないでしょうか。しかしそれでも最後には、すべてが大将軍頼朝を作り出した観音の霊験に結び付けられてゆくからこそ、『吾妻鏡』の編者はあえて、この説話の雰囲気を保存したまま記事として取り込んでいったのでしょう。

公家・武家を問わず、この時代に一定以上の身分の子弟には必ず乳母が付けられていました。彼女たちは、養育した男女が高貴な身分となれば夫ともども権勢を持つことも夢ではなかったのです。こうした女性たちの信心もまた、原縁起を通じて強く清水寺に惹きつけられていったことでしょう。それがやがて、女性が読むことは想定していないはずの『吾妻鏡』にも取り入れられたとなると、ちょっと面白い気がします。

2　鶴岡八幡宮の成立

都市鎌倉の宗教の核　第一講から続いて、ここまでは『吾妻鏡』の描く頼朝個人の信心の物語を中心にお話いたしました。とはいえ、それらは彼の天下草創と同時にどんどん政治性を増し、主従関係の形成や院との駆け引きへと役割を拡大していきます。彼が父の菩提を弔うという個人的な信心やその場も、御家人《ごけにん》たちを動かす機能を負わされていきました。また頼朝の観音信仰に関しても、その裏には覇者となった彼の運命に相乗りした権門寺社《けんもんじしゃ》等の思惑があり、そこから個人の信心を越えて形成されていった物語であったと考えたわけです。

　こうして頼朝をいただいて武家政権が成長するとともに、都市鎌倉を支える宗教的な中核として発展していったのが、鶴岡八幡宮です。最近の研究の進展により、鶴岡八幡宮が幕府の政治制度機構の一部にどのように位置づけられていたかがさらに明らかとなり、個別の供僧《ぐそう》の具体的な活動なども詳細に追究されています。これについては第三講で概観するとして、ここでは天下草創とともに、鎌倉において鶴岡八幡宮が政治的な舞台装置として機能していくことになった過程を明らかにしておきましょう。

　『吾妻鏡』によれば、頼朝が相模に到着したのが治承四年一〇月六日ですが、翌日にはまず八幡宮を遥拝《ようはい》しています。一一日に頼朝の「年来御師檀《しだん》」であった走湯山《そうとうさん》専光坊良暹《りょうせん》が、「兼日御契約」により参上すると、翌一二日にはこれを八幡宮別当に任じ、社殿を現在の位置に遷座《せんざ》させました。

寅刻、祖宗を崇《あが》めんが為、小林郷の北山を点じて宮廟を構え、鶴岡宮を此の所に遷し奉らる。専光坊を以て暫《しばら》く別当職《べつとうしき》と為し、景義《かげよし》をして宮寺の事を執行せしむ。武衛、此の間、潔斎し給う。当宮の御在所は、本・新両所用捨し、賢慮、猶《な》お危み給うの間、神鑑に任せ、宝前に於て自ら鬮《くじ》を取り探らしめ給い、当砌《みぎり》に治定し訖ぬ。然《しか》れども、未だ花構《かこう》の飾《しょく》に及ばず、先ず茅茨《ぼうし》の営を作る。本社は、後冷泉院の御宇、伊与守源朝臣頼義《よりよし》、勅定を奉り、安倍貞任《あべさだとう》征伐の時、丹祈《たんき》の旨有り。康平六年秋八月、潜《ひそか》に石清水を勧請《かんじょう》し、瑞籬《みずがき》を当国由比郷《ゆいのごう》に建つ〈今、これを下若宮と号す〉。永保元年二月、陸奥守同朝臣義家《よしいえ》、修復を加う。今又、小林郷に遷し奉り、蘋繁《ひんぱん》の礼奠《れいてん》を致すと云々。（治承四年一〇月一二日条）

八幡宮は、がんらい由比ガ浜に近い由比郷にありました。頼朝の先祖、源頼義が安倍貞任のこと、つまり前九年合戦の勝利を祈願し、いったん乱が鎮定した後の康平六年（一〇六三）、非公式に京都の石清水八幡宮を勧請したのです。その後、永保元年（一〇八一）には義家が修復したといいます。

これを頼朝は、小林郷北辺の山を選定して遷座させ、良暹を別当職に任じました。同時に大庭景義に宮寺にかかわる俗事を執行させたのです。この間自身も潔斎し、もとのままにするかどうかを迷った結果、御籤によって遷座を決めます。ここを起点として、都市計画が発展していきました。鎌倉に入る前からこうした寺社の整備を進めたことからも、やはり頼朝が当初から宗教政策をかなり重視していたことが分かるでしょう。こうして、頼朝は一五日になってようやく鎌倉に入ります。その翌日には、すぐに八幡宮で仏事が始められました。

公的な祈禱の開始　このときの仏事は次の記事の通り、頼朝による祈願でありました。

武衛の御願として、鶴岡若宮において長日勤行《ちょうじつごんぎょう》を始めらる。いわゆる、法華・仁王《にんのう》・最勝王《さいしょうおう》等、鎮護国家の三部妙典なり。其の外、大般若経《だいはんにゃきょう》・観世音経《かんぜおんきょう》・薬師経《やくしきょう》・寿命経《じゅみょうきょう》等なり。供僧これに

由比郷の故地と伝える元鶴岡八幡宮

奉仕す。相模国桑原郷を以て、御供料所とす。
（治承四年一〇月一六日条）

長日勤行とは長期にわたり不断に仏事を行うことで、このときには神仏習合の八幡宮らしく、神前で経典読誦を開始します。このような恒例の供養に奉仕するために、寺院ごとに数を定めて置かれたのが「供僧」です。供僧たちは引き換えに、安定した給付を受けることになります。その財源として、このときには相模国桑原郷が寄進されました。最初から、かくたる供僧集団が制度的に鶴岡八幡宮に置かれたのかは疑問ですが、のちには二十五坊供僧を中核に鶴岡八幡宮は運営され、彼らは鎌倉宗教界に強大な影響力を持つことになります。ともあれ、このときの仏事の開始こそがその由緒《ゆいしょ》の根源であると、『吾妻鏡』の編者は語ったのでした。

ここで読誦された経典の内容にも注目してみましょう。『吾妻鏡』が語る通り、『法華経』『最勝王経』『仁王（般若）経』は古代「鎮護国家の三部妙典」でした。ここでは頼朝は個人の信心を越え、自分の

鶴岡八幡宮

政権が朝廷を守護する正統的な立場にあることを暗にアピールしています。そのほかに読誦された経典のうち、『大般若経』はとくに法楽《ほうらく》の力に優れた経典として、神前読経にしばしば利用されました。のちには、『仁王経』が『大般若経』に入れ替わって、これに『法華経』『最勝王経』を加えた三種に六坊ずつの供僧が配され、さらに供養法に六坊、諸経に一坊の供僧が当たりました（『鶴岡八幡宮寺供僧次第』）。

それ以下の経典は、頼朝の幸福や健康長寿を祈るもので、どちらかと言えば彼の私的な祈願です。この日、頼朝はいよいよ平家軍を迎え撃つべく、西に向けて鎌倉を発ちます。その路次に、伊豆・箱根両権現の使者が相次いで駆け付け、両社の所領を安堵し禁制を与えたことについては、すでに第一講で見た通りです。将軍の二所詣が恒例化したことに象徴されるように、両社はやがて鎌倉を中心とする宗教秩序を外縁から支えることになります。

政治的な舞台装置　のちに、頼朝は朝廷から征夷大将軍に任じられたとき、鎌倉でこれを拝任します。その舞台として選ばれたのが、やはり鶴岡八幡宮でした。

勅使庁官肥後介中原景良《なかはらかげよし》・同康定《やすさだ》等参着す。征夷大将軍の除《じ》書《しょ》を持参する所なり。両人〈各衣《い》冠《かん》を着す〉、例に任せて鶴岡の廟庭に列立す。使者を以て、除書を進すべきの由、これを中す。三《み》浦義澄《うらよしずみ》を遣さる。義澄、比《ひ》企《き》右衛門尉能員《よしかず》・和田《わだ》三郎宗実《むねざね》并に郎従《ろうじゅう》十人を相具し〈各甲冑〉、宮寺に詣でて、彼の状を請け取る。景良等、名字を問うの処、除書いまだ到らざるの間、三浦次郎の由、名謁し畢ぬ。則ち帰参す。幕下〈御束帯《そくたい》〉、あらかじめ西廊に出御。義澄除書を捧げ持ち、膝《しっ》行《こう》してこれを進す。千万人の中、義澄此の役に応ずるは、面目絶妙なり。亡父義明《よしあき》命を将軍に献じ訖ぬ。その勲功は鬚《ひげ》を翦《き》ると雖も、没後に酬《むく》い難し。仍て子葉を抽賞《ちゅうしょう》せらると云々。

除書に云く、

右少史《うしょうし》三《み》善仲康《よしなかやす》　内舎人《うどねり》橘《たちばなの》　実俊《さねとし》
中宮権《ごんの》少進《しょうしん》平《たいらの》知家《ともいえ》　宮内少丞《くないしょうじょう》藤原《ふじわらの》定頼《さだより》
大膳《だいぜんの》進《じょう》源《みなもとの》兼元《かねもと》　大和守大中臣《おおなかとみの》宣長《のぶなが》
河内守小槻《おづきの》広房《ひろふさ》〈左大史を辞して任ず〉　尾張守藤原忠明《ただあき》〈元伯耆守〉
遠江守藤原朝房《ともふさ》〈元陸奥守〉　近江守平棟範《むねのり》

陸奥守源師信　伯耆守藤原宗信〈元近江〉
加賀守源雅家　若狭守藤原保家〈元安房〉
石見守藤原経成　長門守藤原信定
対馬守源高行　左近将監《さこんのしょうげん》俊実
左衛門少志《さえもんのしょうさかん》惟宗景弘《これむねのかげひろ》　右馬允宮道《みやじ》式俊
建久三年七月十二日
征夷使
大将軍源頼朝
従五位下源信友
左衛門督〈通親〉参陣す。参議兼忠卿これを書す。
将軍の事、本より御意に懸けらると雖も、今にこれを達せしめ給わず。しかるに法皇崩御の後、朝政初度なり。殊に沙汰有りて任ぜらるるの間、故に以て勅使に及ぶと云々。また知家の沙汰として、武蔵守亭を点じ、勅使を招きて経営すと云々。（建久三年七月二六日条）

ここには「除書」、つまり「除目聞書《じもくききがき》」が載せられています。これは正式な任命書ではなく、元来はその日の除目の結果を知らせる速報でした。武士らが多く官職に補せられ、いったん日付が付された後、令外《りょうげ》の官《かん》として頼朝の征夷大将軍補任が記されています。征夷大将軍は律令の官職体系にどう位置づけていいのか難しいうえに、先例は九世紀はじめの文室綿麻呂《ふんやのわたまろ》が最後です。かつ綿麻呂のころには「除目聞書」がいまだ文書形式として成立していなかったことを思えば、「聞書」に征夷大将軍任官が書き込まれること自体、歴史上初めての出来事だったということになります。

後鳥羽天皇の勅使としてやってきた中原景良・同康定は、わざわざこの聞書を持って鶴岡八幡宮に到着しました。京都であれば、個別に勅使など立てられませんが、ここにあるように「特別に議論があって任じられたので、勅使を立てた」と異例の対応でした。それを自邸ではなく鶴岡八幡宮で受け取るというのも、挙兵以来、頼朝らが被ってきた皇祖神八幡大菩薩の威光により、東国の大将軍であることを強調する演出だったのでしょう。

これを受け取ったのは、郎党を引き従えた三浦義澄ら有力御家人三名。勅使は彼らも含む任官の内容を携えてきているわけですが、受け取る前のこの瞬間は義澄もまだ無官なので、「三浦の次男坊でございます」とだけ名乗ったわけです。東国武士でもちゃんと礼儀を弁えている、という故事であったがゆえに、なにげない一幕ではありますが『吾妻鏡』もあえて特筆したものでしょう。

束帯を着けて御所で待つ頼朝の出迎えを受けると、義澄は恭《うやうや》しく除書を手渡します。「膝行」とは膝を突いたままで進む、室内の作法です。思えば三浦義明は頼朝挙兵の折に、命を賭して戦った勲功はきわめて大きいものの、没後の今となってはそれに酬いることもできないので、御家人を代表してその子である義澄にこの役を務めさせたと言います。「翦鬚（ひげをきる）」とは、皇帝が忠臣の病気のため、みずからのひげを切って妙薬を調合したとの中国の故事にもとづきます（『旧唐書《くとうじょ》』巻六七）。

『吾妻鏡』の大将軍観　『吾妻鏡』は最後に、地の文の形でこの日の出来事の意義を短く総括しています。征夷大将軍任官はかねてから頼朝が希望していたが、後白河院によって阻まれていた。しかし崩御の後、後鳥羽天皇親政の代初めに当たり、ことさらに任官が実現して勅使まで立てられたのだ、というわけです。親政と言っても、満年齢で一二歳の天皇の背後には、摂政九条兼実がいました。頼朝のバックアップによってこの地位を手に入れた兼実が、後白河院亡きあと名実ともに朝廷を主導して将軍任官を実現したのでした。

とはいえ、近年の考証によって後白河院は必ずしも頼朝の前途を阻んでいたわけではないこと、頼朝もこの官をそれほど強く望んでいたわけではなく、二年ほどで辞してしまうことなどが明らかとなりました。研究の進展により、いわば長年にわたる〈吾妻鏡史観〉の呪縛から解き放たれるとともに、頼朝の征夷大将軍任官は幕府成立の画期として後景に退いたわけです。

しかし一方で、近年見出された同時代の貴族、中山忠親《なかやまただちか》の日記『山槐記《さんかいき》』逸文《いつぶん》から、このとき頼朝は漠然と「大将軍」を望み、朝廷のほうで検討の結果征夷大将軍に落ち着いたことが分かりました〔櫻井二〇〇四〕。摂関家につぐ「清華家《せいがけ》」のような伝統的な公家社会の家格にふさわしい官である「近衛大将《このえたいしょう》」より、鎮守府将軍をはじめとして東国で伝統的に権威ある武家の棟梁を指す征夷使たる「大将軍」こそ、頼朝が望んでいた官位であったというのは、従来の理解に照らしてもそれなりに納得がいきます。

なにより、この講義の趣旨から注目しておきたいのは、鎌倉後期において誰よりもまず『吾妻鏡』の編者がこのような解釈を重視していたことです。三浦義明・義澄父子への顕彰からも分かるように、

『吾妻鏡』受容者の間で、挙兵以来の辛苦がこれでようやく報いられたという共感が表現されていたのも事実でしょう。この意味では、征夷大将軍任官もまた一つの歴史認識として、鎌倉時代の人々に共有されていたのであり、幕府成立の画期の一つとしてなお有効であることになります。その政治的な舞台こそ、鶴岡八幡宮でした。

3　故実を語る場

西行との出会い　こうして幕府の政務のうえでも枢要に位置づけられた鶴岡八幡宮は、発展の一途をたどります。まずはその組織と制度上の位置づけなどについて語るべきところですが、それはちょっと後に取っておきましょう。さきほど述べたように、鶴岡八幡宮は宗教施設であると同時に、成立当初から幕府の政治的な儀礼の場として機能しました。それと分かちがたく結びつきつつ機能したもう一つの場の性格として、武芸の継承に大きな役割を果たしたことが挙げられます。

二品鶴岡宮に御参詣す。しかるに老僧一人、鳥居の辺を徘徊す。これを怪しみ、景季《かげすえ》を以て名字を問わしめ給うの処、佐藤《さとう》兵衛尉憲《のり》（義）清《きよ》法師なり。今西行《さいぎょう》と号すと云々。仍て奉幣《ほうへい》以後、心静かに謁見《えっけん》を遂げ、和歌の事を談ずべきの由、仰せ遣わさる。西行承るの由を申さしめ、宮寺を廻りて法施《ほうせ》を奉る。二品彼の人を召さんがため、早速還御《かんぎょ》す。則ち営中に招引して御芳談に及ぶ。

この間、歌道幷びに弓馬の事に就きて、条々尋ね仰せらるる事有り。西行申して云く、弓馬の事は、在俗の当初、憖《なまじい》に家風を伝うと雖も、保延三年八月遁世《とんせい》の時、秀郷《ひでさと》[5]朝臣以来、九代嫡家相承の兵法焼失す。罪業《ざいごう》の因たるにより、その事かつて以て心底に残し留めず、皆忘却し了ぬ。詠歌は、花月に対して動感の折節、僅かに卅一字を作る許《ばかり》なり。全く奥旨《おうし》を知らず。然れば、是彼報い申さんと欲する所なしと云々。然れども、恩問等閑せざるの間、弓馬の事に於ては、具《つぶ》さに以てこれを申す。すなわち俊兼《としかね》[6]をして、その詞を記し置かしめ給う。綷《こと》終夜を専らにせらると云々。（文治二年八月一五日条）

5 藤原。平安中期の武人。平将門の乱鎮圧の賞によって、下野守に補せらる。のち、関東武士の多くの家の祖となった。俵藤太《たわらとうた》と称せられる。

6 藤原。源頼朝の右筆。

頼朝はこの日、鶴岡八幡宮に参詣します。すると鳥居のあたりをうろついている老僧に出会い、名を問うと佐藤義清こと西行法師でした。奉幣の後に和歌のことについて話したいと頼朝が誘うと、西行は了解してから参拝に向かいました。頼朝は御所に帰って彼を迎え、歌道と武芸についていろいろと質問します。すると西行の答えはこうでした。弓馬のことは俗人のときにはなんとか家伝（の技術）を承けたものの、保延三年（一一三七）八月に出家したときに、藤原秀郷以来、九代にわたり正統に相承してきた兵法（の書物）はすべて焼いてしまいました。罪業の原因となるので、このことは全くもって心に

西行　『後小松院本歌仙絵』より，東京国立博物館所蔵，出典：ColBase（https://colbase.nich.go.jp）

留めずに、すべて忘れてしまったのです。詠歌のことは、花や月に心を動かされたとき、わずかに三十一文字を綴るだけのことで、まったく奥義を知っているわけではありません。そういう訳で、お答えしようと思うこともないのです、と。

　由緒ある東国武士の家風をあっさりと棄て、和歌についてもなんら執着することなく思うままを詠んでいるので、他人に教示するようなことはなにもない、という遁世の達人の境地を西行は語ったのでした。そうはいっても、わざわざご質問いただいたことを無下にもできないと、弓馬のことについては詳しく申し上げたところ、頼朝は夜通しかけて藤原俊兼にその言葉を記録させたといいます。なお、その翌日に慰留を断って去ろうとする西行に、頼朝が銀造の猫を贈ったところ、拝領はしたものの、すぐに門外で遊んでいた子どもに与えてしまったといいます。同じく物欲を捨てて風雅に生きる西行の個性を伝える説話として、よく知られています。聖《ひじり》のこのような側面は、のちに頼朝と陳和《ちんな》卿《けい》をめぐっても考えてみることにしましょう。

八幡宮放生会　そもそもこの日頼朝は、なにを祈願しに行ったのでしょうか。日付に注意してみましょう。八月一五日は、毎年八幡宮でもっとも重視された祭礼、放生会《ほうじょうえ》が行われる式日です。この日は殺生を戒め、生命を慈しむために鳥や魚などを買い取って野に放つ「放生」を実践します。とくに八幡宮では、かつて日本の河川にも多く自生した巻貝であるカワニナを池や小川に捲《ま》いていました。カワニナには蛍《ほたる》の幼虫が寄生するので、この貝の多く自生する地域では、夏になると蛍の乱舞が見られます。

京都南郊男山の石清水八幡宮放生会には、勅使臨席のもと、優雅な舞などの奉納がありました。石清水から分霊された鶴岡八幡宮でもっとも重視されたのは、流鏑馬《やぶさめ》などの武芸の奉納です。幕府草創のこの時期、まだ実際には鶴岡においてその儀礼は未整備だったと思われます。しかしまさにこの日に、鎌倉時代の文化を代表する西行を登場させて、頼朝みずから故実を問うという設定は、鶴岡放生会の濫觴《らんしょう》としても、その性格を考えるうえでも、じつに巧みに『吾妻鏡』の編者によってこの位置に挿入された説話であると言えるでしょう。西行と言えば新古今歌人の代表であるとともに、武芸の故実の伝承者でもありました。

武芸故実の披露　鶴岡八幡宮は放生会を軸として、まさにこのように東国一円の御家人が将軍への忠節を示すべく参集して武芸を披露し、故実を継承する場となっていきました。

この翌年、『吾妻鏡』にははじめて放生会の記事が見えてきます。

鶴岡放生会なり。二品御出す。参河守範頼《のりより》・武蔵守義信《よしのぶ》・信濃守遠光《とおみつ》・遠江守義定《よしさだ》・駿河守広綱《ひろつな》・小山《おやま》兵衛尉朝政《ともまさ》・千葉介常胤《ちばのすけつねたね》・三浦介義澄《みうらのすけよしずみ》・八田《はった》右衛門尉知家《ともいえ》・足立《あだち》右馬允遠元《とおもと》等扈従《こしょう》す。

流鏑馬有り。射手《いて》五騎、おのおのまず馬場に渡る。つぎにおのおの射訖ぬ。皆的に中《あた》らざるはなし。その後、珍事有り。諏方《すわ》大夫盛澄《もりずみ》は、流鏑馬の芸窮《きわ》まる。秀郷朝臣の秘決を慣れ伝うるによるなり。ここに平家に属して、多年在京す。連々城南寺《せいなんじ》7流鏑馬以下の射芸に交わり訖ぬ。仍て関東に参向の事、すこぶる延引するの間、二品御気色有り。日来、囚人たるなり。しかるに断罪せらるれば、流鏑馬の一流永く陵廃《りょうはい》すべきの間、賢慮思し食し煩い、旬月に渉《わた》るの処、今日にわかにこれを召し出だされ、流鏑馬を射るべきの由を仰せらる。

7　平安京の南方、鳥羽殿《とばどの》の近く、現在の京都市伏見区の上鳥羽・下鳥羽の間にあった寺。交通の要衝にあって、多くの御願寺《ごがんじ》等も隣接していた。城南寺明神御霊会《ごりょうえ》が盛大となり、神輿《みこし》、神馬《しんめ》、風流《ふりゅう》などの行列が行われ、競馬《くらべうま》が催された。

この日頼朝に扈従した御家人は、実弟の源範頼をはじめ平賀義信ら源氏一族、小山朝政・千葉常胤・三浦義澄といった錚々《そうそう》たる関東一円の有力御家人でした。射手五騎による流鏑馬はみな命中、ところがそのあと珍事が起こります。信濃諏訪大社神官の一族で、有力な武士でもあった諏訪盛澄は藤原秀郷の秘決を伝え、流鏑馬の技芸を究めた人物でした。平家に仕えて多年在京し、洛南鳥羽城南寺流鏑馬にも参加して都の流儀にも精通していたのです。ところがそのために頼朝への帰参がだいぶ遅れ、すっかり不興を買って、囚人として扱われていました。しかし彼を切り殺してしまうと、流鏑馬の一流がそこで廃れてしまうと、しばらく頼朝は思い悩みます。この日、盛澄を急に召し出した頼朝は、流鏑馬を披露するよう命じます。盛澄はこれに応じました。続きを見てみましょう。

> 盛澄領状を申す。御厩《みうまや》第一の悪馬を召し賜わる。盛澄騎せしめんと欲するの刻、御厩舎人《とねり》密々盛澄に告げて云く、この御馬は的前に於て必ず右方に馳《は》すなりと云々。則ち一の的前に於て、右方に寄る。盛澄生得の達者として、押し直してこれを射る。始終相違なし。つぎに小《こ》土器《かわらけ》を以て五寸の串に挿し、三これを立てらる。盛澄また悉く射畢ぬ。次に件の三ヶの串を射るべきの由、重ねて仰せ出ださる。盛澄これを承る。すでに生涯の運を思い切ると雖も、心中に諏訪大明神を祈念し奉り、瑞籬の砌《みぎり》を拝還す。霊神に仕うべくんば、只今擁護を垂れ給えてえり。然る後、鏃《やじり》を平に捻り廻してこれを射る。五寸の串皆これを射切る。観る者感ぜざるはなし。二品御気色また快然として、忽ちに厚免《こうめん》を仰せらると云々。（文治三年八月一五日条）

このとき盛澄に与えられたのは、頼朝の厩でも第一の悪馬でした。的の前で右に逸《そ》れてしまう癖があると舎人から知らされた盛澄は、天才的な技能で馬の向きを押し直して矢を放ち、命中させます。つぎに小型のかわらけ（素焼きの皿）を五寸（一六センチほど）の串に挿した的が三点用意されますが、これもすべて射抜きます。これでもすでに超絶技巧と思われますが、さらにかわらけを支えていた串そのものを三本とも射れという無理難題を吹っ掛けられます。

盛澄は、すでに自分の命は諦めていました。それでも諏訪大明神の方角を拝して「霊験あらたかな

（諏訪の）神にこれからも仕える身であるならば、いまこそお守りくださいませ」と念じます。ここで秘儀を繰り出し、ついに五寸の串もすべて射切ります。居並ぶ観衆が感心したのはもちろん、頼朝もすっかり気分をよくして、すぐに免罪されたといいます。

熊谷直実の失態　こうして故実を披露し、スマートに窮地を切り抜けた盛澄とは裏腹に、大失態を犯した御家人が熊谷直実《くまがいなおざね》でした。近年、直実については熊谷郷に隣接する村岡の市の経営者の側面が明らかになりました〔高橋二〇〇三・二〇一四〕。また従来から知られているように在京の経験もあり、京都で流行していた最新の専修念仏《せんじゅねんぶつ》まで取り入れるような感性もあったようです。しかしながら『吾妻鏡』のなかでは、どうにも武骨で要領の悪い直実像が一貫しています。

今年、鶴岡に於て放生会を始行せらるべきにより、流鏑馬射手幷びに的立《まとたて》等の役を充て催さる。その人数、熊谷二郎直実を以て、上手の的に立つべきの由、仰せらるるの処、直実鬱憤を含みて申して云く、御家人は皆傍輩《ほうばい》なり。而るに射手は騎馬し、的立役人は歩行なり。すでに勝劣を分くるに似る。かくの如きの事においては、直実厳命に従い難してえり。重ねて仰せて云く、かくの如きの所役は、その身の器を守り、仰せ付けらるる事なり。全く勝劣を分けず。なかんずく、的立役は下職にあらず。且つ新日吉社《いまひえしや》祭御幸の時、本所の衆を召して、流鏑馬の的を立てられ畢ぬ。その濫觴を思い訖《おわ》らば、なお射手の所役を越ゆるなり。はやく勤仕すべしてえり。直実ついに以て奉《うけたまわり》を進す能わざるの間、その科《とが》により所領を召し分けらるるべきの旨、仰せ下さると

云々。（文治三年八月四日条）

放生会を始めるにあたり、流鏑馬の射手と的立の役を分配することになりました。このような諸役に奉仕することは、もとより御家人として当然の義務であるうえに、それぞれ優雅な所作を示す格好の機会であったことは、もはや繰り返すまでもありません。

ところが、上手《かみて》の的立役が割り振られた直実は気に入りません。彼は頼朝に、御家人は傍（朋）輩で対等であるのに、射手は騎馬、的立役は歩行なので差が付けられた（的立のほうが低い役だ）、直実は厳命に従いかねます、と不平を述べてしまいます。このような所役は、それぞれの分に応じて割り振っているのであり、勝劣はない。とくに的立は卑しい役ではなく、京都の新日吉社の祭礼に上皇の御幸があるときには、その御所に仕える人々が流鏑馬の的を立てるのである。この由緒を思えば、射手の役を越えるほどである。すぐに勤仕せよ、と頼朝は命じます。しかし直実は、ついにこの役に奉仕しなかったので、罰として所領である熊谷郷を召し分けられてしまいました。直実にとっては、痛恨の出来事だったに違いありません。

なお、この「召し分く」という表現については、熊谷郷の一部を一族の別の人物に給付した、という解釈もあります［大井二〇〇八］。しかし、この部分が地の文であることには留意が必要です。

所領の返付　ともあれ、三〇年あまりのちに、この所領はようやく旧に復します。すでに頼朝も直実もこの世にはなく、家督《かとく》は直実から嫡男直家《なおいえ》またはその子直国《なおくに》に移っていたはずです。

武蔵国熊谷郷は、右大将家の御時、直実法師的立役辞退の咎《とが》により、鶴岡に寄附せらる。その後、事を神税《しんぜい》に寄せ、地頭《じとう》なきが如し。然れども、別当の権勢を恐れ、愁訴《しゅうそ》に達せざるの処、宮寺使の入部を止め、御年貢《ねんぐ》を進《まい》らすべきの由、今日右京兆《うけいちょう》[8]の御書を地頭方に下さると云々。（建保七年二月二日条）

8　北条義時《ほうじょうよしとき》。右京兆は右京《うきょう》（権《ごんの》）大夫《だいぶ》の唐名。

熊谷郷が鶴岡八幡宮の所領であったことは、他の史料からも確認できます。ここに見えるように、かつて直実が神事である放生会への違乱《いらん》を働いたことが八幡神への無礼な行為と見做され、直実が地頭職を保持したまま八幡宮に寄進されたのでしょう。さすがにこの件で、本領主《りょうしゅ》としての下地進止権《したじしんしけん》までを否定されることはなかったと私は理解しています。しかし、幕府の宗教政策の中心に位置づけられて強力な権勢を誇った鶴岡八幡宮が上級領主となったことにより、八幡宮から寺使が派遣されれば直接指示を受けて年貢徴収に従うしかなかったのです。八幡宮の権威を笠に着た百姓らは、「これは神税として納めますのでお渡しできません」とでも言って地頭に抵抗したかもしれません。かつて直実が犯した失態を考えれば、熊谷氏としても八幡宮への遠慮はなおさらのことだったでしょう。

こうして八幡宮別当の権威を恐れ、「愁訴」もできずに悶々《もんもん》としていた熊谷氏に対して、なぜかこのとき執権北条義時の側の計らいによって八幡宮寺使の入部を差し止め、年貢を地頭の請負とする旨の御書が下されます。これにより八幡宮の直接支配は停止され、地頭職にもとづくより強力な下地進止権を、ふたたび安堵《あんど》されたわけです。しかし、なぜ唐突にこの時期に、と思わないでもありません。「愁訴もできない」と言いながら、じつは裏で続けていた工作がたまたまこの時期に成功したのかもしれません。

ただしこの直前、建保七年（一二一九）一月二七日に、三代将軍源実朝《みなもとのさねとも》が暗殺されたことを考慮に入れないでもよいものでしょうか。つまり動揺する御家人に対して、所領安堵により幕府の求心力を保持するといった背景も考えられます。とにかく最初は治承寿永内乱期の武功により頼朝という強力なカリスマに安堵された熊谷郷が、このたびは義時の「御書」で安堵されました。それは、将軍が不在で下文《くだしぶみ》や御教書《みぎょうしょ》が発給できなかったからだったことは確かでしょうが、やや緊急措置の感が否めません。

伝承の場としての祭礼　ふたたび視点を八幡宮の祭礼に戻しましょう。盛澄の武芸のスマートさと、対照的な直実の一途な武骨さ。鎌倉武士の一面を印象的に伝えるこのような説話は、年中行事となった鶴岡放生会の場で一族を中心にたびたび回顧され、語り継がれたことでしょう。

盛澄の説話については、とくに最後の「五寸の串を射抜け」という無理難題を言われた部分に注目してみましょう。ここに示した史料は読み下し文にしているので分かりにくいのですが、『吾妻鏡』の原文では「鏃於平仁捻廻天射之」となっています。この小字で書かれた「於」「仁」「天」は、じつは現代であればひらがなの「を」「に」「て」、つまり漢文にはない助詞を表します。のちの仮名文字の原型ですが、和風漢文を基調とする『吾妻鏡』のなかで、どうしてここだけ万葉仮名表記が入り込んでしまったのでしょうか。

それは、通常ならば垂直方向に矢じりを立てて弓に矢をつがえるべきところ、このときはあえて矢じりを水平方向に九〇度捻って的を狙い射た、というこの部分が、口頭で伝えられてきた秘伝の奥義だったからに違いありません。密教のような宗教的な場でも、和歌や蹴鞠《けまり》、音楽など学芸の場でも、中世には秘事や奥義は口伝《くでん》で授けることが原則でした。これを文字で紙に定着させようとするとき、漢文体では伝えきれない口伝の息吹を残そうとして、仮名表記が多用されるようになりました。この史料の場合、この故事についての口伝をじかに取材し、あるいは紙に記したものを（「切紙《きりがみ》」などといます）編者が手に入れたのか、それとも口伝の雰囲気を出すためにあえて表記の工夫をしたのかは分かりません。しかし、私はどちらかと言えば、前者の可能性が高いと思います。

直実の場合は、鶴岡放生会の失態という不名誉な伝承です。それでも、草創期の鎌倉幕府を懐かしむ『吾妻鏡』により説話化された、武骨な鎌倉武士直実のキャラクターには、やはり欠かせない一幕だったのではないでしょうか。またのちの、熊谷氏への熊谷郷返付という歴史的事実の前提として必要な説明でもありました。

『吾妻鏡』が編纂された鎌倉後期、すでに鶴岡放生会の流鏑馬はすっかり恒例行事となって定着し、御家人の間にもさまざまな作法や故実・伝承が蓄積されていたことでしょう。作法については公家社会と同じく、幕府が集成統一して御家人に示すようなものではなく、それぞれの家が由緒によって先祖から相伝《そうでん》し、秘事として一族内で伝承していくのが常でした。佐藤義清（西行）も諏訪盛澄も、それぞれ将門《まさかど》の乱《らん》を平定した平安時代中期の武門のレジェンド、俵藤太こと藤原秀郷以来の相伝という自負のもと、武芸の故実を継承していました。鶴岡放生会は、そのようにして伝承し、磨いてきた故実を御家人たちが一堂に会して誇らしげに披露しあう場だったのです。同時にそこは、今に続く多くのまつりがそうであるように、子孫に対してそれにまつわる由緒を語る伝承の場でもあったに違いありません。このように、鶴岡八幡宮で行われる行事は宗教面で幕府を支えるとともに、武家としての文化やアイデンティティを確立・継承するうえでも、重要な場として機能していたのです。

鎌倉幕府とともに成立してきた、勝長寿院・鶴岡八幡宮の機能や性格を概観してきました。ここでもうひとつ、二階堂永福寺《にかいどうようふくじ》を取り上げなければなりません。しかし、これは第三講で触れるとしましょう。

4　頼朝将軍記の掉尾

最後の花道　文治五年（一一八九）の奥州合戦に勝利して東国支配権を盤石にし、さらに建久三年（一一九二）の征夷大将軍任官、同六年に二度目の上洛により東大寺供養に臨席と、頼朝にとっては絶頂期が続きます。しかし、まもなく唐突に臨終を迎えることを、はたして彼は予感していたのでしょうか。このあたりにも、取り上げて論じたい記事はたくさんありますが、そろそろ先に進むため、『吾妻鏡』の頼朝将軍記がどのように終わっていくのかを見ていきましょう。ここにおいても、宗教関係の記事が重要な役割を果たしていました。

現存の『吾妻鏡』頼朝将軍記は、建久六年をもって終わります。しかし、頼朝が没するのは建久一〇

重源　東大寺所蔵

年正月であり、都合三年分の記事が欠けています。頼朝の死因は、『吾妻鏡』（建暦二年二月二八日条）をはじめとして、前年に相模川に架けられた橋供養《はしくよう》の折の落馬が原因と伝える諸書もありますが、定かではありません。しかし、現存最後の部分を見ると、これはこれで頼朝の輝かしい業績であり、ある意味で一生の最期を飾るにふさわしい出来事がありました。それは、東大寺供養への出席です。

治承四年（一一八〇）年末、かねてから平氏に対抗勢力としてみなされていた南都の東大寺が、平重衡《たいらのしげひら》によって焼き討ちに遭い、大仏殿以下の焼失によって壊滅的な打撃を受けます。院政期の大寺院は、しばしば院領荘園などを経済基盤とした受領《ずりょう》など院近臣《いんのきんしん》の財力に支えられ、いわば蕩尽《とうじん》的に造営されてきました［本郷二〇一二］。ところが、この方式にも陰りが見え始めていました。いっぽう、すでに院政期には勧進上人《かんじんしょうにん》による募金活動をベースとして、仏事や寺院造営を進めるあらたな方式も始まっていました。東大寺の復興にさっそく着手した後白河院は、俊乗房重源《ちょうげん》を勧進上人に任命し、大々的にこの方式を採用します。重源は、文治二年（一一八六）には、森林資源が豊富で瀬戸内海の水運に便利な周防国《すおうのくに》（山口県）を造営領国として後白河院から寄進され、入宋《にっそう》経験も生かしながら経営の才能を発揮して再建を成功に導きます。

頼朝もまたこの勧進に賛同し、御家人に重源への協力を命じます。しかし『吾妻鏡』には翌年、周防御家人の非協力を譴責《けんせき》する記事が見えます（三月四日条）。この時期の西国御家人に対する頼朝の動員力にはまだ限界がありましたが、彼は幕府を挙げての奉加《ほうが》を目指していました。同時期から隣国長門《ながと》の守護であった佐々木高綱《ささきたかつな》は、率先して協力を求められたと見えて、同年冬には頼朝に対し、去る九月に周防国で東大寺大仏殿棟木《むなぎ》のため一三丈（約二三・四メートル）の巨木を重源が獲得したことを報告しています（一一月一〇日条）。

現在も、山口県防府市から北部山間地域にかけて、重源関連の遺跡が点在しています。その一つである「関水《せきみず》」は、山間部から南流する佐波川《さばがわ》が水深の浅い急流であることから、途中に何段も関を設けることにより、瀬戸内海まで巨木を流すための施設です。これを利用して、材木の切り出しが順調に始まったようです。

> 佐々木左衛門尉参入す。則ち北面の広廂に召して御対面有り。東大寺仏殿柱已下《いか》の材木、周防国の杣出《そまだ》し、殊《こと》に精誠《せいせい》を致すの由、聞し食し及ぶ所なり。汝、軍忠を竭《つく》すのみに匪《あら》ずして、已《すで》に善因に赴く。尤も神妙の旨、仰せらる。高綱申して云く、重源上人、頻《しき》りに相催さる。仍て去る月十八日、御柱十五本、河尻に沙汰し付け訖ぬ。この外十五本、早く杣を出すべきの由、代官に示し付くと云々。
>
> （文治五年六月四日条）

御所にやってきた高綱を召して対面した頼朝は、大仏殿の柱以下の材木を周防国の山林から切り出すに際し、とくに熱心に協力したことを聞いたと伝えます。「おまえは、軍忠をいたすだけではなく、仏事という善行にも取り組んでいる。じつに神妙だ」との仰せでした。高綱は、重源が首尾よく手配して、柱の用材一五本はすでに河口まで到着しております、残る一五本も早く山出しをするよう、代官に指示しております、と誇らしげに答えました。

佐々木高綱と言えば、頼朝挙兵の折に山木兼隆《やまきかねたか》館襲撃に加わった佐々木兄弟の一人、『平家物語』の描く宇治川の戦いでは先陣を争った猛者です。第一講で触れた勝長寿院《しょうちょうじゅいん》供養の折、頼朝の兜《かぶと》を預かっていたのも高綱でした。しかしこの記事から、もはや寺院再興という仏事への協力は、武士たちにとって軍忠《ぐんちゅう》と同等の意味を持っていたことが分かります。それでも大仏殿再建は困難を極め、この年八月には九条兼実を訪れた重源が、東大寺大勧進職辞退の意向を漏らしたり（『玉葉』八月三日）、ようやく建久元年一〇月に上棟《じょうとう》に漕ぎつけた後も、同三年には用材運搬に際して非御家人大内弘成《おおうちひろなり》の妨害を受けたりと、紆余曲折のすえに完成したのでした。

東大寺供養へ　こうしていよいよ、建久六年三月一二日の東大寺供養のため、頼朝は政子を伴い、また多くの御家人以下随兵とともに二月一四日に鎌倉を発ち、京都に向かいます。この時代、京都までは通常徒歩で約二週間ですが、大規模な行列を従えていましたので、より時間を費やしたようです。それでも、三月四日には六波羅亭《ろくはらてい》に到着しました。この地は都市京都の周縁に位置し、もとは平清盛《たいらのきよもり》の邸宅がありました。平氏没落後に鎌倉幕府が継承し、以後京都の出張所である六波羅《ろくはら》探題《たんだい》が置かれていきます。

六日には六条若宮こと左女牛八幡宮《さめうしはちまんぐう》に奉幣します。ここは、もと頼朝の先祖 源頼義《みなもとのよりよし》の邸宅に隣接していて源氏の崇敬が厚く、頼朝にとってはことに由緒の深い神社でした。続いて九日には、石清水・左女牛両八幡宮の臨時祭にも参拝し、夜通し参籠しました。石清水八幡は京都の南郊に位置していますから、翌日頼朝はそのまま奈良を目指して南下し、その日のうちに東大寺東南院に到着します。同日、生母七条院を伴って後鳥羽天皇も南都に行幸しました。

この日、頼朝が引き連れてきた武士の一覧（交名《きょうみょう》）が『吾妻鏡』に残されています。名誉ある先陣は畠山重忠・和田義盛両名で、これに随兵一三九名が続きます。その中に、将軍頼朝の乗る御車がありました。続いてまた随兵一二三人、そして後陣は梶原景時と、千葉常胤から家督を継いだ嫡男胤正《たねまさ》、この二人も先陣同様大物です。さらに一一人が「最末」として従いました。ここに名が見える御家人は、大小さまざまではあれ、すくなくとも二〜三人程度の家子郎党《いえのころうとう》を引き連れていたはずです。千葉胤正にいたっては、「郎従数百騎」を連れていたと注記されています。実数かどうかはともかくとして、全体がかなりの規模の行列、というよりはすでに軍勢であったことが容易に想像されます。しかも、彼らのほとんどは当然ながら、東国からずっと頼朝に従ってきたと見られます。

当日の一コマ　こうして準備万端迎えた一二日の東大寺供養は、しかし散々な荒天に見舞われてしまいます。その日の様子は『吾妻鏡』はもちろん、九条兼実の日記『玉葉』をはじめとする貴族の日記や『東大寺続要録』などの編纂史料に詳しく、『大日本史料』四編之四で通覧できます。これらには、この

東大寺大仏殿

あいにくの天気さえも、天地の和合とか風雨の神の来臨だとか、やや皮肉交じりなのもありますが、おおむねポジティブに捉えられています。『吾妻鏡』には、おびただしい随兵たる関東武士の威圧的な雰囲気に東大寺衆徒《しゅと》が反発し、これを受けた梶原景時の無礼な態度によって大衆蜂起《だいしゅほうき》が起こりそうになった一幕が語られます。

時に将軍家、朝光を召す。朝光起座し、御前に参進するの時は、手を大床の端に懸けて、立ちながら相鎮むべきの将命を奉り、衆徒に向うの時は、その前に跪《ひざまず》き敬屈して、前右大将家の使者と称す。衆徒その礼に感じ、先ず自ら嗷々《ごうごう》の儀を止む。朝光厳旨を伝えて云く、当寺は平相国《へいしょうこく》のために回禄し、空しく礎石を残し、悉《ことごと》く灰燼《かいじん》となる。衆徒尤も悲嘆すべき事か。源氏たまたま大檀越《だいだんおつ》となり、造営の始めより供養の今に至り、微功を励し合力を成す。剰《あまつ》さえ魔障を断ち、仏事を遂げんがため、数百里の行程を凌《しの》ぎ、大伽藍《だいがらん》の縁辺《えんぺん》に詣ず。衆徒、豈《あ》に喜歓せざらんや。無慙《むざん》の武士、なお結縁《けちえん》を思い、洪基《こうき》の一隅を嘉す。有智の僧侶、なんぞ違乱《いらん》を好み、吾が寺の再興を妨げんや。造意頗《すこぶ》る不当なり。承り存ずべきかてえれば、衆徒忽《たちま》ち先非を恥じておのおの後悔に及び、数千許の輩、一同静謐《せいひつ》なり。

（建久六年三月一二日条）

頼朝の命を立ったまま承った結城朝光は、衆徒に対する時は跪き、深く礼をして説得に当たりました。これに感じて衆徒はしんとなります。朝光は頼朝の代理として、まず平氏焼き討ちにより灰燼となった東大寺衆徒の悲嘆に思いを廻らします。ついで源氏が大いなる後援者となって協力したことを誇り、ついに数百里の行程を越えて、仏事の護衛のために大伽藍のきわに参詣することとなった武士たちに、衆徒の喝采《かっさい》を求めます。そして、罪を犯して恥じることのないような武士でさえ結縁したいと思い、大伽藍の落成《らくせい》を祝っているのに、賢い僧たちがもめ事を起こし、再興を妨げるなどあり得ないですよね、とたしなめます。衆徒はすっかり行為を恥じて残念に思い、数千の参加者一同が静まった、というお話です。

ここには、平氏焼き討ちから今日までの東大寺再建への源氏の貢献と帰依《きえ》が、みごとに説かれます。さながら一篇の縁起を読むかのようであり、『吾妻鏡』の文飾がとくに冴えた一幕と言えるでしょう。しかし、手放しで頼朝の偉業をたたえるこの場面よりも、ここではむしろ翌日のエピソードに注目したいと思います。

陳和卿との会談　悪天候に見舞われながらも、天皇の臨幸も得てなんとか東大寺供養を終えた翌日、頼朝は陳和卿に謁します。この人物は重源の招聘《しょうへい》に応じ、石工《いしく》などを連れて宋からやってきた技術者で、大仏鋳造などに大きな力を発揮しました。しかしのちには、源実朝に大船を建造して宋に渡ることを勧め、しかもその船は完成したものの進水に失敗して由比ガ浜《ゆいがはま》に朽ち果てることになるという、少々陰のある伝記に彩られてもいます。さて、本日条はどうでしょうか。

晴。将軍家、大仏殿に御参す。ここに陳和卿は、宋朝の来客として、和州の巧匠に応ず。およそその盧《る》遮那《しやな》仏《ぶつ》の修飾を拝するや、ほとんど毘《び》首羯摩《しゆかつま》9の再誕と謂《い》うべし。まことに直なる人に匪ざるか。仍て将軍、重源上人10を以て中使《ちゆうし》として、値遇結縁《ちぐうけちえん》のため、和卿を招かしめ給うの処、国敵対治の時、多く人命を断つは、罪業深重なり。謁《えつ》するに及ばざるの由、固辞再三なり。将軍感涙を抑え、奥州征伐の時、着し給う所の甲冑幷びに鞍馬三疋・金銀等を以て贈らる。和卿、賜わる甲冑は、造営の釘の料として伽藍に施入し、鞍一口を止めて、手掻会《てがいえ》十列《とおつら》の移鞍《うつしぐら》とし11、同じくこれを寄進す。その外の龍蹄《りゆうてい》12以下、領納する能わず、悉く以てこれを返献すと云々。

（建久六年三月一三日条）

9　帝釈天の臣下で、彫刻、建築など種々の美術をつかさどる神。毘首。毘首羯磨天。転じて、美術工芸に巧みな人。仏師。仏工。

10　俊乗房。東大寺大勧進。入宋三度の経験があり、東大寺復興に際し、南宋とのつながりを活用して多くの工人を招き、また材料を輸出入した。

11　手搔会は、東大寺八幡宮の祭礼の一つ。転害会とも。十列は、祭に奉賽《ほうさい》として、一〇頭の馬によって行われる一種の競馬。移鞍は、武官、蔵人所衆《くろうどところのしゅう》などの廷臣が公務に使用する鞍。官馬につけるのを普通とするが、摂関家などで随身《ずいじん》や家人用として、その形状にならって作り、私用の馬につけることもある。平文《ひょうもん》の鞍橋《くらぼね》、半舌《はんした》の鐙《あぶみ》、斧形の大滑《おおなめ》を特色とする。うつしのくら。うつし。

12　立派な馬。

前日から一転、天候は回復したようです。そんななか、あらためて大仏殿に参拝した頼朝は、陳和卿と会見します。彼は宋からやって来て、日本の職人たちと協力したのであり、「およそ盧舎那仏（大仏）の装飾された姿を拝すると、まるで技巧にたくみなインドの神、毘首羯磨天の再来のように思われる、じつに常人ではない」と、『吾妻鏡』は地の文でありながら、頼朝の心の内を雄弁に語ります。そこで重源をなかだちとして知遇を得、また結縁のために和卿を招き出しました。

　ところが彼は、「頼朝は、国敵退治のためとはいえ多くの人命を断った罪業は深重である。お会いすることはできない」と再三固辞しました。俗人であれば、最高の栄誉と喜んで面会を希望すべきところだったでしょう。しかし、神の再誕とか「結縁」という言葉から推せば、和卿はもはや俗人ではなく神に近い存在、いわば重源と同じ聖のカテゴリーに属する人であると認識されていたことになります。こういう人々は、世俗の秩序を超越したような、一見奇異な物言いや振る舞いをしたことが、当時の説話にはよく出てきます。このためいったんは、周囲の俗人を戸惑わせたり怒らせたりもしますが、やがてはその意味が分かるときが来て、一同納得、というのがだいたいの筋書きです。

しかしここでは、さすがは頼朝、と『吾妻鏡』の編者は言いたかったのではないでしょうか。そういう軋轢を生むことなく、和卿の発言にただちに深く感じ入った頼朝は懺悔の涙を抑え、奥州合戦のときに使用した甲冑や鞍付の馬三疋、さらには金銀などを贈りました。武家の棟梁から寄進された豪華な武具や馬であれば、寺宝として永く珍重されるのはもちろんです。頼朝の側としてはとくに、和卿から大量殺人と非難された奥州合戦に使用した道具を寄進することで、亡魂の供養を託す意味もあったでしょう。ところが和卿は、甲冑はつぶして伽藍造営の釘の材料とし、鞍は一点だけ受け取って、東大寺八幡宮の祭礼である手搔会の際に活躍する馬の道具に充ててしまい、あとは受け取ることなく返却したといいます。ここには技術者というよりは、頼朝の懺悔の意を最低限は受け止め、仏事用途に回したうえで、私欲を満たすような金銀や高価な馬などは受け取らない、という清廉な宗教的態度が強調されています。また、東大寺供養の本質が、頼朝にとっても内乱を収束させて亡魂を慰め、平和を開くべく企図されたことも、この記事から読み取ることができるでしょう。

四天王寺への巡礼　こうして東大寺での日程を終えた頼朝は、すぐには鎌倉に帰らずしばらく京都に留まりました。翌月一五日にはふたたび石清水八幡宮を参拝したうえ、さらにその翌五月一八日には、難波《なにわ》の四天王寺《してんのうじ》に向かいます。

午刻御参着す。先ず御念仏所に入る〈寺門外〉。つぎに御礼仏。長吏《ちょうり》法親王[13]、あらかじめ灌《かん》頂堂《じょうどう》において、待ち奉らしめ御う。将軍則ち御謁拝有り。つぎに当寺重宝《じゅうほう》等を拝見せしめ給う。次に法親王還御す。将軍また旅店に帰り給う。その後、御剣〈銀作《しろがねづくり》・蒔柄作《まきえづくり》〉を太子聖霊に奉らる。御馬一疋〈糟毛《かすげ》。銀の鞍を置き、一の総鞦《ふさしりがい》を懸《か》く〉を法親王に引き進せらる。左衛門尉朝政御使たり。御剣においては、法親王御使を朝政に相副えられ、宝蔵に納めらると云々。この外、絹布等の類を以て、寺中僧徒に施さると云々。（建久六年五月二〇日条）

13　後白河天皇皇子定恵《じょうえ》法親王。園城寺《おんじょうじ》長吏、四天王寺別当。

四天王寺の西門鳥居は、すなわち極楽の東門であるという信仰のもと、このころには周囲に念仏所が設けられ、聖俗の念仏者たちが集団で修行して往生《おうじょう》を願っていました。頼朝もまずは個人としての往生を祈るため、この場に参って結縁したのでしょう。つぎに彼は、後白河院の皇子であった定恵法親王に謁し、重宝などを見学した後に、宿所に帰ります。そこからあらためて、飾剣を聖徳太子の宝前に寄進するとともに、立派な装飾を施した鞍付の馬を引出物として法親王に贈ります。とくに剣については、小山朝政を立ち合わせたうえで宝蔵へ奉納させました。それは、この参拝にも特別な意味があったからでしょう。

畿内には他にも、頼朝が参詣したくなるような有名な寺社が目白押しです。そのなかから四天王寺を選んだのは、ここが王権神話と結びつく聖徳太子信仰の聖地だったからにほかなりません。それならば法隆寺でもよいではないか、と思うかもしれません。しかし、四天王寺は丁未《ていび》の乱《らん》（蘇我《そが》物部《もののべ》戦争）の折に、仏法を守護せんとする蘇我氏に味方した聖徳太子が、戦勝を祈願して彫った四天王を祀るために建立したとの縁起があります。

つまり、東大寺供養に続けてこの寺を参詣することにより、みずからもまた聖徳太子の先蹤《せんしょう》を踏んで仏法の守護者たることを表明した、ということでしょう。かつて四天王を思わせる最勝王こと以仁王《もちひとおう》を助けて挙兵した彼は、もはや王の影を消してみずからがその位置に立ったのでした。もしかすると、このとき頼朝が参詣した寺社はほかにも二、三あったかもしれません。しかし、この点を強く印象付けるため、少なくとも『吾妻鏡』は四天王寺参詣を特筆しました。剣の寄進も、武門の棟梁として仏法を守護することを暗示しているのではないでしょうか。

頼朝は四天王寺に政子を伴い、またかなりの規模の随兵とともに参詣しました。こののちさらに、ひと月あまり京都に滞在したのち、六月二五日に頼朝はようやく鎌倉に向けて出発します。途中、七月には生母の実家でもある尾張の熱田《あつた》神宮《じんぐう》に奉幣し、七月八日、約五ヵ月ぶりに鎌倉に帰着しました。

こうして、現存最後の頼朝将軍記たる『吾妻鏡』建久六年記は、頼朝がそれまでの数々の戦を振り返り、殺人をこととする武家の棟梁たる罪業を懺悔しつつも、仏法守護者として国家の安寧に多大な貢献をする姿を描くことに紙幅を割きました。これで総括できれば、編者としてはどんなに気が楽だったことでしょう。この年は、東大寺供養以後も年末までの記事があり、しかも、その終わりが必ずしも象徴的に締められているわけではありません。そういうわけで、やはり東大寺供養に伴う建久六年の上洛で頼朝将軍記を閉じる気は、当初から編者にはなかったでしょう。しかし、危うい政治の裏舞台が見え隠れするような残り三年分の史料を前にして、筆が進まぬまま呻吟するうちに、まあ、ここで終わってもいいか、という気になったかどうか、これはあまりに想像が逞しすぎるので、止めておきましょう。

ここから先は、さらに直実の出家と法然への帰依、そして往生にいたる物語を追ってみたいところですが、これは別に私の著書にまとめていますので、詳しくはそちらを読んでいただきたいと思います［菊地二〇一二］。第二講はここまでにいたしましょう。

第三講　都市鎌倉と天台宗勢力

1　永福寺の創建と意義

永福寺の草創　昨日の第二講では、持仏《じぶつ》であった清水観音《きよみずかんのん》の分身の利益《りやく》もあってか、奥州合戦《おうしゅうかっせん》に勝利した頼朝《よりとも》が上洛を果たし、東大寺供養《とうだいじくよう》に臨むまでを、『吾妻鏡』の描くところによって見てきました。奥州合戦において阿津賀志山《あつかしやま》の激戦を制し、平泉《ひらいずみ》を手中にしたあと、鎌倉武士はさらに承久の乱《じょうきゅうのらん》という大きな山を越えました。この集中講義の最初にも述べたように、幕府はここから、ともかくも安定の時期に入ります。この時期にいたり、鎌倉の仏教も大きく発展していきます。その中心に立ったのが鶴岡八《つるがおかはち》幡宮《まんぐう》に勝長寿院《しょうちょうじゅいん》、そしてこれから取り上げる永福寺《ようふくじ》の三つの寺院です。

奥州合戦で勝利した頼朝が都市平泉に入ったときに目にしたであろう光景は、中尊寺《ちゅうそんじ》に伝わった「中尊寺供養願文《がんもん》」（『平安遺文』二〇五九）や、『吾妻鏡』に収められた「寺塔已下注文」（文治五年九月一七日条）から詳しく知ることができます。なかでもとくに頼朝の心をとらえたのが、大長寿院《だいちょうじゅいん》でした。彼としては、単にその威容《いよう》を真似しようというのではなく、本心は数万の怨霊を慰め、三界《さんがい》の苦しみから救おうとしたものだったと言います。

こうして鎌倉に凱旋後まもなく、頼朝は永福寺建立に着手しました。

> 今日、永福寺事始《ことはじめ》なり。奥州において、泰衡《やすひら》管領の精舎《しょうじゃ》を覧ぜしめ、当寺花構《かこう》を企てらるるの懇《こん》府《ぶ》、且《か》つは数万の怨霊を宥《なだ》め、且つは三有《さんぬ》の苦果を救わんが為なり。抑《そもそ》も彼の梵閣《ぼんかく》等、宇を並《ならべ》るの中、二階大堂〈大長寿院と号す〉有り。専らこれを模せらるるに依り、別して二《に》階堂《かいどう》と号すか。梢雲挿天《しょううんそうてん》に碧落《へきらく》を極むるは、中丹の謝より起る。揚金・荊玉の紺殿《こんでん》を飾り、剰《あまつ》さえ後素《こうそ》の図を加う。その濫觴《らんしょう》を謂《い》わば、由緒《ゆいしょ》なきに非ずと云々。（文治五年一二月九日条）

最後の一文は、『吾妻鏡』編者の高い漢籍の知識を披瀝《ひれき》した修辞に満ちています。梢の雲を突き抜けて蒼穹《そうきゅう》に届くほど高く聳《そび》える屋根、これは二階堂の偉観《いかん》と同時に、覇者頼朝の到達点を暗示しているでしょう。しかしそれは鎮魂の心から起こり、また頼朝の覇業も天下の安寧を祈る真心から出たものである。中国揚州《ようしゅう》・荊州《けいしゅう》産の極上の金《きん》・玉《ぎょく》（宝石）のような立派な材料で「紺殿」（仏寺）に装飾を施し、さらに「後素の図」（入念な仕上げ）を加えて大長寿院をあえて模したのも、もとはといえばそのような頼朝のこころから生まれているのだ、というわけでしょう。

落慶供養の明暗　二年後の建久三年（一一九二）一一月、法務大僧正公顕《こうけん》を京から請じ、永福寺の落慶《らっけい》法要《ほうよう》が執り行われます。「行事」つまり実務責任者は大江広元《おおえひろもと》でした。もちろん、この席には頼朝も臨席しています。春に後白河院が崩御してほどなく、あらたに出発した朝廷から征夷大将軍に補任《ぶにん》された少し後の絶頂期にあって、この儀式に臨んだ頼朝の心境はいかばかりだったでしょう。

ところがその同じ日、この華やかな落慶供養とは裏腹に、『吾妻鏡』は有名な熊谷直実出奔《くまがいなおざねしゅっぽん》の説話を語ります。それによると、早くに父を亡くした直実は、母方のおじ久下《くげ》直光《なおみつ》の庇護下にありましたが、やがて治承寿永の内乱の武功により武蔵熊谷郷地頭職《じとうしき》を安堵《あんど》されます。ところが、その所領を直光に横領《おうりょう》されそうになり、頼朝の御前で裁判が行われました。武骨な直実はうまく陳弁《ちんべん》できずに、梶原景時《かじわらかげとき》が裏で直光を贔屓《ひいき》して頼朝に讒言《ざんげん》しているなどと思い込み、ついにその場で髻《もとどり》を切って出家してしまいます。この記事については昨日の最後に、べつに拙著に紹介したことに触れました。すると講義が終わった後に、ある学生さんが質問に来てくれました。

学生「先生のご本を読んで興味を持ち、この講義に参加しました。」

私「おっと、それはどうもたいへん恐縮です。ありがとう。」

学生「昨日、熊谷直実が鶴岡八幡宮放生会の武骨な振る舞いにより、所領支配を大きく制限されたことについて話されました。ご本の中で先生は、その直実が出家した『吾妻鏡』建久三年一一月の記事はフィクションである、という林譲さんの説を紹介しています［林二〇〇五］。実際には『熊谷家文書』に残された直実自筆譲状から、彼はすでにその前の年に入道していたということはよく分かりました。ではなぜ、この説話はあえて建久三年のこの月日条に収められたのでしょうか。」

私「『吾妻鏡』編纂の裏側をさぐるうえで、たいへんいい質問だと思います。どうせ説話だから、どこに突っ込んでもいいと考えるほど、『吾妻鏡』の編者は鈍感ではなかったと思います。この年この月にかけることで、編者の意図が分かってきますし、さらに多くの歴史的事実が見えてくることがままありますね。」

とまあ、ざっとこんなお話をいたしました。ただし、こと直実の出家の記事に関しては、前後を見渡しても関連させなければならないような出来事も見当たらず、この年この日にこの記事を懸ければならない必然性が、私にもにわかには見えてきませんでした。

モニュメントとしての永福寺　そこで昨日、もう一度『吾妻鏡』を開き、この日の記事を見渡してみて、同日条後半のつぎの部分に注目しました。

> 今日、永福寺供養なり。曼陀羅供《まんだらく》有り。導師、法務大僧正公顕と云々。前因幡守広元行事たり。導師・請僧《しょうそう》施物等、勝長寿院供養の儀に同じ。布施取《ふせどり》十人を採用せらる。また導師加布施の銀剣、前少将時家《ときいえ》これを取る。将軍家御出すと云々。
> （建久三年一一月二五日条）

幕府にとっては、永福寺は奥州の制圧により、ついに東国全体に強力な支配権を確立したモニュメン

永福寺跡 1　池越しに見える丘を築山に見立てていた

永福寺跡 2　永福寺伽藍復元基壇

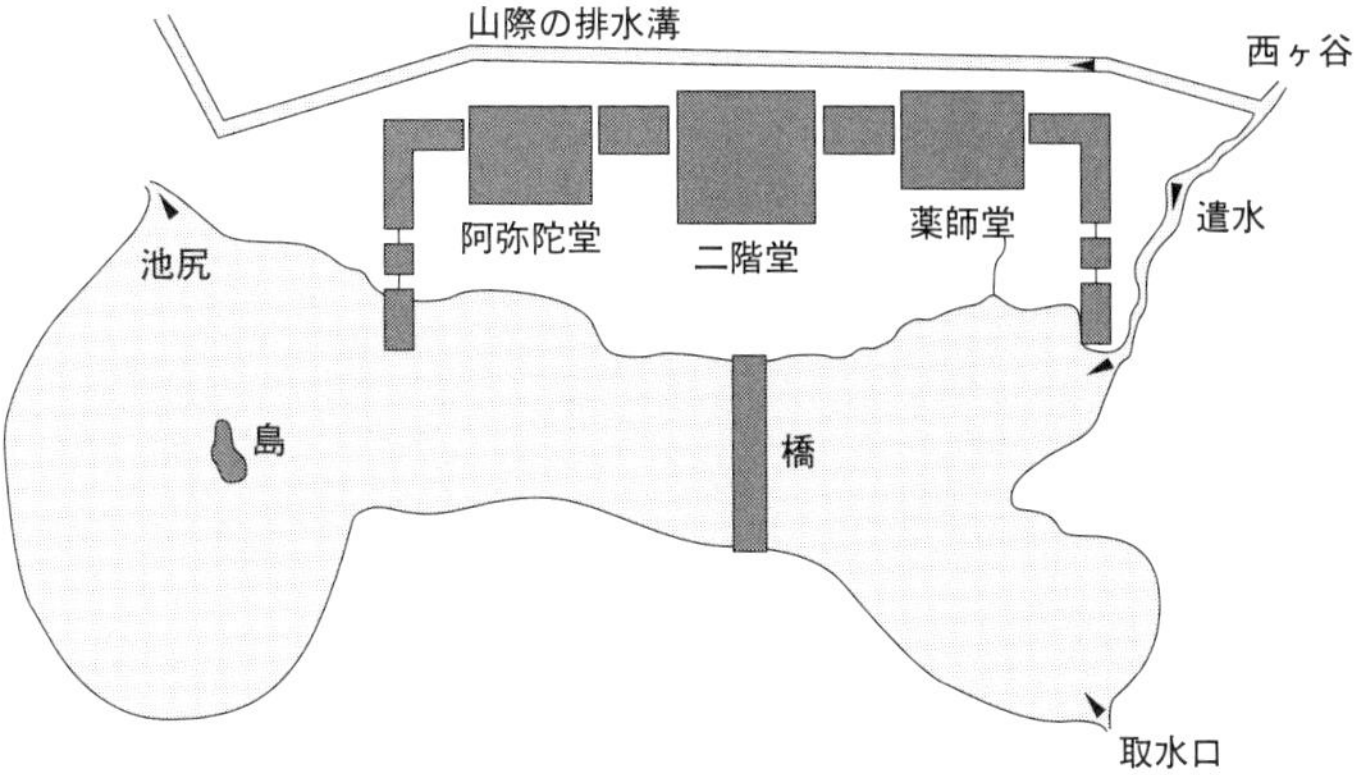

創建期の永福寺復元図　『蘇る永福寺』鎌倉歴史文化交流館，2017年より作成

トの意味があったでしょう。同時に武士たちにとっては、治承寿永の内乱に散った一族・先祖の亡魂に思いを寄せる場でもありました。勝長寿院が源氏の菩提《ぼだい》を弔うことを通じての御家人《ごけにん》の追善《ついぜん》の場であったのに対して、永福寺は奥州合戦に参加した御家人やその子孫全体にとって同様の意味づけがあったのではないでしょうか。

『吾妻鏡』の編纂された鎌倉時代後期には、奥州合戦の記憶は御家人たちの家々において、数々の武功の物語を通じて伝承されていたでしょう。とくに、文永年間ごろから分割相続が進展し、それぞれの一族の中には合戦で獲得した遠くの所領に実際に下向《げこう》し、経営にあたる東国武士が増えていきます。北遷《ほくせん》御家人、つまり奥州合戦で獲得した所領に下向する武士らにとって、その由緒はおのずから合戦の記憶を呼び起こし、永福寺という装置によって強化されていったことでしょう。

そこで、昨日の学生さんのご質問に対する私の考えはこうです。治承寿永の合戦を通じて、かなりのハイリスクを冒して戦い抜いてきた熊谷直実像、これは『吾妻鏡』が『平家物語』などとも共有するところであり、当時の武士に共通の共感を巻き起こすのに、かっこうの物語だったでしょう。ところが、そうしてようやく安堵された武蔵熊谷郷を、直実は、おじではあっても御家人としてはあくまで朋輩《ほうばい》である久下直光によって横領されそうになります。頼朝の御前においても、無骨一辺倒の直実の訴えは退けられかねない状況になりました。頼朝も臨席したという華々しい永福寺落慶供養の裏で、同時に恩賞《おんしょう》から漏れるなどして無念を噛みしめた直実のような武士たちがいた、つまり両者は一対の物語なのではないでしょうか。わたしはここに、直実出奔の説話を永福寺供養と同日に懸けた『吾妻鏡』編者の文学的操作の巧みさを読み取りたいと思います。

歴代別当と永福寺の盛衰　さて、このようにして繁栄の途をたどった永福寺も、現在は廃寺で史料も散逸し、分からないことが多いのです。しかし幸いなことに、最近発掘調査が進んで遺跡が整備され、その成果により鎌倉時代の威容が明らかになっています。本堂の二階堂は、五間×五間で東面していました。その両翼に一回り小さい薬師堂・阿弥陀堂が順次完成し、堂をつなぐように回廊がめぐらされ、釣《つり》殿《どの》まで伸びていました。堂前には池があり、正面から約三五メートルの長橋が架けられ、池の中には州《す》浜《はま》や岩島も造られました。池越しに見える山を築山《つきやま》に見立て、ほかの山や谷も遠景に取り込んでおり、文字通りの景勝地に建てられた寺院でした。約半世紀後の宝治・寛元年間に修復が施されますが、弘安三年（一二八〇）の鎌倉大火により焼失、その後再建されますが、じょじょに衰えていきました。

鎌倉時代の歴代別当《べっとう》も復元されています［五味二〇〇六］。つぎに三期に分けて、これを見てみましょう。

①初期　神護寺《じんごじ》文覚《もんがく》の弟子であった性我《しょうが》が別当に就任しています。続いて栄西《えいさい》とその弟子、行勇《ぎょうゆう》が補任されていることにも注目しておきましょう。性我は文覚の弟子ですから真言宗僧《しんごんしゅうそう》、栄西・行勇は禅僧《ぜんそう》と天台山門派《てんだいさんもんは》の性格を兼ね備えています。しかし、初期鎌倉の宗教界は宗派別の分類が成り立つほど発達しておらず、とりあえず伝手《つて》を頼ってそこそこの僧を寄せ集めてきた、という段階です。むしろ、性我の師文覚は勧進僧《かんじんそう》として有名で、栄西や行勇もまた東大寺大勧進職を拝命するなど、勧進僧としての能力を期待されたらしいということに注目したほうがよいでしょう。彼らのミッションは、まずは資金を調達し、堂舎を完成し、そして寺院経営を軌道に乗せることでした。栄西については、のちに詳しく取り上げましょう。

②中期　永福寺の場合、一三世紀第2四半期にかかるころから別当はほとんど寺門派《じもんは》に独占されます。この時期になると、宗派別の議論が意味を持ってきます。しかしその中にあって、良瑜《りょうゆ》や良基《りょうき》は真言宗僧でした。良瑜は九条家出身であり、四代将軍九条頼経《くじょうよりつね》との関係から、また良基は承久の乱後に鶴岡八幡宮別当を務めてこの時期の東国宗教界に大きな力を持った定豪《じょうごう》の弟子（または孫弟子）、といった個別の関係から別当に補任されたのでしょう〔平二〇二〇〕。さらに真言律宗《しんごんりつしゅう》の僧で、北条氏の帰依《きえ》を得て弘長元年（一二六一）に鎌倉に下ってきた忍性《にんしょう》も別当を務めています。

律僧の勧進能力は、つとに知られているところです。幕府のいわば「官寺」であった永福寺も、その経営にはつねに困難が伴っていたでしょう。そうした問題が表面化したときには、勧進僧がまま別当に就任したのではないでしょうか。

③後期　すでに『吾妻鏡』の時代からは外れてしまいますが、とくに延慶三年（一三一〇）の火災以降、後期には醍醐寺から下向して日記（『親玄僧正日記《しんげんそうじょうにっき》』）とともに鎌倉に足跡を残した親玄以下、真言宗僧が別当に就任することが顕著となります。この時期になると、寺門派勢力も他派に相当浸食されていった、ということが言えるでしょう。『吾妻鏡』を見ていただけでは、鎌倉時代を通じた鎌倉の仏教の実態は分からない、ということも認めなければなりません。

2　栄西の位置づけ

北条政子と栄西　永福寺について見てきたように、武家の都・鎌倉が出発してまもない一三世紀初頭には、のちに鎌倉を代表する大寺院の礎が築かれていきます。すると、承久の乱を挟んで安定の時代へと向かいつつあった鎌倉には、京やその他の地方から下ってきた僧侶が活躍の場を見出してきます。ここでは、『吾妻鏡』によりその活動がよく知られているこうした僧のうちの一人である栄西に注目していきましょう。それ以前、すでに博多《はかた》を経て二度の入宋《にっそう》を果たした栄西は、京都で禅を弘める活動を開始しました。しかし建久五年（一一九四）には、同時期に活動していた大日房能忍《のうにん》らとともに「達磨宗《だるましゅう》」と一括され、延暦寺《えんりゃくじ》の圧力によって朝廷から停止の宣旨《せんじ》を下されます。そこで同九年、みずからの宗教を「仏心宗《ぶっしんしゅう》」と称して『興禅護国論《こうぜんごこくろん》』を著し、正当性を主張しました。法然《ほうねん》がひっそりと、しかし満を持して主著『選択本願念仏集《せんちゃくほんがんねんぶつしゅう》』を書き上げたのと同じ年であり、翌年一月には頼朝が没したのでした。

しかしながら、これから取り上げようとするのは鎌倉における禅宗の発展ではありません。本日の講義の主題は、あくまで天台宗を軸に鎌倉の仏教を見ていくことです。そういう意味では、栄西はいちおう山門派の僧です。たしかに若いころの栄西は延暦寺で修行したことも知られていますが、のちの活動から見れば栄西を天台僧とみるのは無理があるのではないか、と思う方も多いでしょう。しかし、もともと栄西が後年まで天台僧として活動していたことは、彼の伝記の中でも知られていました。近年の新出史料の紹介により、この面での彼の活動がにわかにクローズアップされています。後に述べるように、彼が鎌倉に開いた寿福寺《じゅふくじ》も、しばらくの間は天台密教の伝授の場としても重要視されていたようです。

栄西　両足院所蔵

さて、『吾妻鏡』が最初に栄西の鎌倉での活動を伝えるのは正治元年（一一九九）です。『吾妻鏡』は、この翌年に鎌倉で行われた黒衣僧への弾圧について述べていますが、詳しくは第四講でお話しします。栄西もまた黒衣僧だったはずですが、このときは幕府において不動明王像《ふどうみょうおうぞう》一体を供養しました（九月二六日条）。彼はその後、北条政子に取り立てられていきます。『吾妻鏡』は、同年の頼朝一周忌に、墳墓堂である法華堂で仏事が行われた記録を伝えますが、このときの導師も栄西でした。一二口の請僧を従えて法会を執り行い、錦被物《にしきのかずけもの》一〇重以下、豪華な布施を受け取っています。政子はすでに後家《ごけ》として尼の姿になっており、出家のときに除いた毛髪を用いて密教の根本に位置づけられるア字（梵字）を刺繍し、供養しています。さらに公式の布施の他に加えられた「加布施」は、「砂金三十両　五衣《いつつぎぬ》一領」でした。砂金が多額であり、女房装束《にょうぼうしょうぞく》である五衣とともに与えられたことから、これは政子によるものでしょう。

翌年には政子の御願として、亀谷伽藍《かめがやつがらん》の建立が始まります。これは源義朝旧跡に、岡崎義実《おかざきよしざね》が追善のために建てていた草堂を拡張したもので、栄西に寄進《きしん》されました（二月一二・一三日条）。これが現在に続く寿福寺で、やがて栄西やその弟子退耕行勇《たいこうぎょうゆう》らの鎌倉における活動拠点となりました。着手から二年後には、本格的な造営に発展します。

> 故大僕卿《たいぼくけい》〈義朝〉[1]の沼浜《ぬまはま》[2]の御旧宅を鎌倉に壊《こぼ》ち渡し、栄西律師の亀谷寺に寄付せらる。行光《ゆきみつ》[3]これを奉行す。この事、当寺建立の最初、その沙汰有りと雖も、僅かに彼の御記念のため、幕下《ばっか》

将軍[4]殊にその破壊を修復せらる。暫《しばら》く転倒の儀有るべからざるの由、定めらるるの処、僕卿、尼御台所《みだいどころ》の御夢中に入りて示されて云く、吾常に沼浜亭に在り。しかるに海辺に漁を極む。これを壊ちて寺中に建立せしめ、六楽を得んと欲すと云々。御夢覚むるの後、善信[5]をしてこれを記さしめ給い、栄西に遣わさると云々。大官令《たいかんれい》[6]云く、六楽は六根《ろっこん》の楽かと云々。

（建仁二年二月二九日条）

1　左馬頭源義朝。
2　神奈川県逗子市沼間か。
3　二階堂行光。
4　(前) 右大将、征夷大将軍源頼朝。
5　三善康信《みよしやすのぶ》。
6　大膳大夫大江広元。

このとき政子は、かつて源義朝が構えた沼浜の旧宅を解体して、亀谷寺（寿福寺）に寄付しました。その奉行は二階堂行光です。最初から寄進しようと思っていたのですが、故頼朝が父の思い出に邸宅を修復し、しばらくは転用を禁止していました。ところが政子の夢に義朝が現れ、自分の魂は沼浜亭に宿っているが、海辺の漁がさかん、つまり殺生の罪を目の当たりにしていると言います。そこでこれを解体して寺の堂舎として再建し、六根清浄の楽を得たい、と告げました。夢が覚めるや、このことを三善康信にすぐ記録させ、栄西に連絡したと言います。この夢の意味を解釈したのは、大江広元でした。ここに、行光・康信・広元という、幕府の宿老《しゅくろう》にしてかつ文士であった人々が顔を揃えていること、その一端に栄西も一枚かんでいることに注意しておきましょう。

女の信心と主従制　政子と栄西の関係で言えば、面白い記事が『吾妻鏡』には見えます。

> 鶴岡放生会、例の如し。将軍家御参宮。夜に入り、舞女微妙《みみょう》、栄西律師の禅房において出家を遂ぐ〈持蓮《じれん》と号す〉。父の夢後《ぼうご》を訪わんがためと云々。尼御台所御哀憐の余り、居所を深沢の里の辺りに賜い、常に御持仏堂の砌《みぎり》に参るべきの由を仰せ含めらると云々。この女、日ごろ古郡《ふるごおり》左衛門尉保忠《やすただ》と密かに通じ、比翼連理《ひよくれんり》の契りを成すの処、保忠甲斐国に下向す。帰り来るを待たず、この儀有り。悲歎に堪えざるの故なり。（建仁二年八月一五日条）

この前後には関連記事があります。それらによれば、比企能員邸の花をめでつつ春の宴に招待された将軍源頼家に、京より下向の微妙という舞女が用意されました。その歌舞に感じた頼家に、彼女は身上を訴えます。建久年中、当時七歳の微妙の父である右衛門尉為成は、讒訴《ざんそ》により奥州の夷《えびす》に与えられ、母も悲しみの余り亡くなって身よりもなく孤独な少女だったと言います。長じて父の存亡を知りたいと熱望し、歌舞の道を究めて東国に下向してきたのでした。さっそく奥州に捜索の手が送られます（同三月八日条）。

八月五日にようやく鎌倉に戻った雑色《ぞうしき》から、父はすでに没していたと残念な知らせを受けた微妙は涕《てい》泣《きゅう》し、悶絶《もんぜつ》して地に伏したと言います。そして鶴岡放生会に頼家も将軍として参列していた同月一五日の夜、彼女は栄西のもとで父の菩提を弔うために出家してしまいます。政子はこれを憐れみ、鎌倉東北の深沢の里に家を与えて、自分の持仏堂にときどき参るように誘いました。こうして、微妙こと尼持蓮と尼御台政子は、信心を通じて主従関係を結んだ如くですが、ここにも栄西が深く関与していました。栄西自身が、政子に密着して宗教活動を営んでいた表れでしょう。

『吾妻鏡』の記事の組み立てから見ると、比企《ひき》邸への頼家《よりいえ》の訪問の場を利用して微妙を登場させたすぐ後の三月一四日条に、これも栄西を導師とした永福寺多宝塔供養の記事が見えます。この塔は頼家乳母、つまり平賀義信《ひらがよしのぶ》の妻の供養のために義信が建立し、政子が導師と布施を調進したのでした。義信もかつて頼朝に従軍して奥州合戦に参加していることを考えると、妻の追善であるとともに、先に述べたように、その鎮魂の場である永福寺に塔を寄進した意味が推測できるでしょう。微妙については多分に説話の要素が見受けられ、どこまでが事実を語ったものかはっきりしないところもあります。それだけに、どの日条にかけるかは、ある程度『吾妻鏡』の編者に委ねられていました。微妙の父が奥州に放逐《ほうちく》されたということから、永福寺多宝塔供養の直前の記事にかけて彼女を登場させている『吾妻鏡』の工夫を読み取りたいものです。

さて、微妙への政子の気遣いを記したさきほどの記事の後半では、しかし一転して、彼女が古郡保忠なる武士と「比翼連理」の契りをなしていたという一件が問題となりました。唐の玄宗《げんそう》と楊貴妃《ようきひ》の愛の物語、白楽天《はくらくてん》の『長恨歌《ちょうごんか》』の有名な一節にちなんでいますね。鳥の両翼、根が連なった二本の木のような深い男女の契りを指す譬《たと》えです。このとき保忠は甲斐国に下向中でしたが、その帰還を待たずに微妙は出家した、悲しみに耐えられなかったのだ、とこの日の記事は結んでいます。ところが同月二四日になって鎌倉に帰ってきた保忠は、愛する微妙が尼となり、もはや自分との縁を絶ったことを怒って、栄西の弟子で微妙を出家させた祖達房《そたつぼう》のもとに押しかけ、どういう子細かと迫ります。祖達は恐れて御所の門前まで逃げ込み、従僧たちは暴力を振るわれ騒然となります。政子は結城朝光《ゆうきともみつ》を派遣して、とりあえず保忠をなだめました。

あらためて翌日、政子は「僧徒は人々の仏法への帰依を本意とするのだから、必ず剃髪受戒《ていはつじゅかい》をさせるものだ」として、和田義盛と朝光を通じ、保忠の所行は理不尽にして奇怪であるとたしなめました。ただ、保忠にしてみれば僧に騙され婚約者を盗られたという感覚で、こういう事件は鎌倉時代にはまま起こっていたようです。鎌倉後期の『一遍聖絵《いっぺんひじりえ》』にも、備中吉備津宮《きびつのみや》の神主の妻を主人の留守中に一遍が出家させ、襲われかけたという有名な一段がありますね（巻四）。保忠自身はこの後、和田義盛が誅殺された和田合戦（建暦三年〈一二一三〉）において、和田方に与しておおいに武勇を示し、果てました。

このように、政子の身辺に深く関係していた栄西は、微妙の出家一件の翌建仁三年（一二〇三）に比企能員一族が誅殺された比企の乱にも登場します。かねてから、名越《なごえ》邸において北条時政が予定していた薬師如来の造立供養の導師は栄西だったのです。しかも、政子も聴聞に訪れる予定であったと聞くと、栄西が何も知らずに導師を引き受けたのかどうか……この謀略にも栄西が一枚かんでいたのかと疑いたくなります。それは考えすぎかもしれませんが、ともかく「宿願によって仏像供養の儀式を行いますので、ご来臨のうえ聴聞なさってください。ついでに、雑談など致しましょう」とその場に能員を誘い出すと、作り合わせの脇戸に待ち伏せていた天野《あまの》遠景《とおかげ》と新《にっ》（仁）田《た》忠常《ただつね》が左右の手を取り、築山の竹藪に引き伏せて瞬時に誅殺してしまいました（九月二日条）。

入宋天台僧栄西　のちに、栄西は権僧正《ごんのそうじょう》にまで補せられて京・鎌倉仏教界の重鎮となります。しかし、僧綱《そうごう》にいたる他の顕密僧《けんみつそう》とは著しく異なり、備中吉備津宮の神主の子で出自も低く、鎌倉に表れてしばらくのころまでは無名の僧でした。『吾妻鏡』では最初から僧綱の官である律師《りっし》として登場しますが、鎌倉進出の当初は凡僧《ぼんそう》の大法師であった可能性が、永井晋さんの指摘で明らかになりました〔永井二〇一九〕。

ところが、鎌倉に来てからの栄西は尼御台、のちには尼将軍となる北条政子の護持僧のような存在となり、にわかに台頭していきます。その意味では第二講で扱ったように、源氏将軍の私的宗教顧問としての性格が強いと言えます。したがって、勢力としての山門派を代表するような側面は、彼にはほとんどありません。ただ栄西は、もともと関東周辺の僧ではなく、ほとんど無名ながら天台密教僧としては地方に伝播した法流《ほうりゅう》を受け、それなりに高い能力を身に着けていました。そこを見込まれて京からやってきたところに一歩評価の前進が見られるうえに、幕府が創立した永福寺のような大寺院の別当を務めるなど、公的な役割も果たしており、発展し始めた鎌倉の仏教界に活躍したということになるでしょう。

先にも触れた通り、はじめて『吾妻鏡』に登場したのは正治元年ですが、その三年後の建仁二年（一二〇二）には、幕府の外護《げご》を得て京都に建仁寺《けんにんじ》を建立するまでになります。このようにすみやかに政子や北条一族の懐に入り込むことができたのは、しかしどうしてなのでしょう。誰がその仲を取り持ったのでしょうか。ここで思い出していただきたいのは、故源義朝追善の寺という名目で実際に寿福寺創建を準備したのが、揃いもそろって大江広元ら京下りの実務官僚だったことです。

いっぽうの栄西も、官僧としては無名に近かったのですが、若いころから天台密教の修学に熱心でした。しかし、彼の受法《じゅほう》は二度の入宋を挟みながら、中央の大寺院というよりは地方寺院、とくに中国地方の山林寺院を廻って行われていきました［岡野二〇一九］。その中で最近あらためて注目されているのは、伯耆大山寺《ほうきだいせんじ》の基好《きこう》という密教僧からの伝授が、栄西の密教の柱になっていることです。基好は地方僧で、伝記もほとんど分かりません。しかし、一一世紀前半に活動した皇慶《こうげい》に始まり、中世には天台密教の主流となる谷流《たにりゅう》の系譜の中では、かなり重要な位置に立っています。

その皇慶も長い期間、地方の山林寺院で過ごした中級身分の僧です。さらに青蓮院門跡《しょうれんいんもんぜき》を継承した慈《じ》円《えん》は、同じ谷流下の三昧流《さんまいりゅう》を京都で受法しますが、じつは伝授のかなり重要な部分を京都西山の観性《かんしょう》という中級身分の僧に負っていました［多賀一九八〇］。この観性は、栄西に少し先だつ文治五年（一一八九）、天台座主全玄の代官として、鶴岡八幡宮塔供養の導師に招かれ、鎌倉では丁重にもてなされています（六月三日条以下）。平安時代中期以降、顕密仏教の世界は門閥《もんばつ》一色になってしまったかのようですが、平安後期から鎌倉期には、このように地味だけれども実のある受法がいろいろな地方で展開し、才覚のある密教僧がある程度成功していく余地もありました。

さらに最近の研究は、重源や栄西のような院政期の入宋僧の背景に、院・摂関家・平氏一族など権力者のバックアップがあったことを予想しています。こうしたことから推測すれば、才覚を持ちながらも京都で挫折しかけていた栄西を鎌倉に誘い、政子に引き合わせたのは広元ら実務官僚だったのではないでしょうか。こうした「文士」たちが、同じように鎌倉に才能のはけ口を求めて下向してきたことは、すでに五味文彦さんの研究によって紹介されています〔五味一九九二〕。

鎌倉の栄西　現在では栄西らは禅僧として知られ、また寿福寺ものちには鎌倉五山《かまくらござん》に列せられる禅院となりました。しかし、鎌倉での栄西は政子らの目に、どのように映っていたのでしょうか。

まずは、入宋の経験から宋の貴重な文物の入手を期待されたのではないでしょうか。たんに珍しいというだけではなく、京でも珍重された宋の文化を取り入れ武家政権の権威を高めるためにも、また貿易の利を関東に呼び込むきっかけとしても、栄西の大陸につながる人脈は重視されたはずです。いま、『吾妻鏡』を通覧しただけでも、栄西は大陸仏教に特徴的な十六羅漢図像《じゅうろくらかんずぞう》を京都から将来し（正治二年七月六・一五日条）、永福寺で宋本一切経《そうほんいっさいきょう》を供養しています（建暦元年一〇月一九日条）。宋本一切経は版経《はんぎょう》ですが、当時入手経路の開拓も容易ではなく、しかも貿易品として高額でした。院や摂関家・武家のバックアップに加えて、栄西の入宋経験によりようやく入手したものでしょう。さらに仏舎利三粒を三代将軍源実朝に相伝させ（建暦二年六月二〇日条）、やがて第五講でふれる大慈寺《だいじじ》で舎利会《しゃりえ》を行っています（建保二年一〇月一五日条）。それまで日本には、鑑真《がんじん》（唐招提寺《とうしょうだいじ》）と弘法大師《こうぼうだいし》（東寺《とうじ》）の将来した舎利が知られており、これはそれぞれの寺院で朝廷も関与しながら、なかば公的に厳重な管理が行われていました。

栄西のような僧が容易に入手できるとは思えません。

そこで注目されるのが、これらとは別に渡された「仏牙《ぶつげ》舎利《しゃり》」すなわち釈迦の歯の舎利です。唐宋代の中国では大聖慈寺にはじまり各地に仏牙舎利が伝播しました［大塚二〇一二］。やがて入宋僧らが持ち帰って、さきほど述べた古代に伝来した舎利とは別に、武家を中心とする中世の舎利信仰が展開します。このような、大陸由来の文物の輸入を促進できる人物として、栄西はおおいに注目されたでしょう。

その他、『吾妻鏡』に見える彼の宗教活動を通覧すると、さきほどから触れた不動明王像供養や堂塔の供養、七観音供養（元久元年一二月一八日条）や五字文殊供養（元久二年五月二五日条、承元四年九月二五日条、建暦元年一二月二五日条）など、みな天台僧としての活動とみなすべきものばかりです。建保二年（一二一四）に実朝に一書を進め、茶の功徳《くどく》を説いた（二月四日条）というのも、岡倉天心『茶の話』以来、すっかり禅僧としての活動のように見なされてきましたが、先述の宋文化輸入の一端を示しているにすぎません。さらにこのとき献じた一巻の書が、いわゆる『喫茶養生記《きっさようじょうき》』であったといいますが、これも最近は疑う説があります［米田二〇〇七・二〇一六］。仮にそうであったとしても、『喫茶養生記』の内容は禅とは程遠く、むしろ五臓曼荼羅説など広範な密教の知識がなければ理解できない内容です。このような背景を持つ栄西ですから、建暦元年一二月二八日には、翌年の実朝の厄祓《やくばらい》のために、定豪・隆宣《りゅうせん》と協働して祈禱担当者に選ばれるのも肯けます。

さらに、寿福寺は栄西没後もしばらくの間は、彼の天台密教の法流を伝授する拠点でした。さかのぼって仁安二年（一一六七）、栄西は備前安養寺《あんようじ》において顕意《けんい》という僧から密教の伝授を受け、その後基好からの灌頂《かんじょう》に臨んでいることが分かっています。詳しくは省きますが、顕意からの伝授は基好と並んで栄西の創出した新たな法流（建仁寺流《けんにんじりゅう》または葉上流《ようじょうりゅう》）を構成する重要な要素となります。顕意―栄西の流れはさらに栄西から阿忍に伝授され、そこから間接的に長楽寺栄朝《ちょうらくじえいちょう》へと続きます。栄朝は長楽寺を継ぐ一翁院豪《いちおういんごう》に伝授し、その院豪が無心に伝授したときの印信《いんじん》が金沢文庫古文書中に残されています。いっぽう、同じく栄朝の弟子であった東福寺円爾《えんに》は、安貞二年（一二二八）に栄朝ではなく阿忍から直接この伝授を受けました。阿忍は当時、寿福寺に住してこの伝授を行っており、金沢文庫伝来の印信には、この法流を指す「寿福寺流」という端裏書《はしうらがき》が見えています〔菊地二〇一二〕。

寿　福　寺

このように考えると、もはや鎌倉の栄西が禅僧ではなく天台僧として遇され、本人としても鎌倉においては、密教法流の発展を期していたことは明らかでしょう。ただし、栄西の門下にまったく禅の要素がなかったわけではありません。二つの宗派を並行的に修行していたという従来の〈兼修《けんしゅう》〉という見方よりも、両者のダイナミックな〈一致〉の体系を模索していたのが、栄西以下、鎌倉時代を通じて発展していったこの法流の特徴であったと私は考えています。そのうち禅の要素がだんだん独立して顕著となり、次代の蘭渓道隆《らんけいどうりゅう》らの新たな大陸禅の導入の呼び水となったのも、もちろん確かなことでしょう。

3　鶴岡八幡宮の発展

鶴岡供僧　鶴岡八幡宮については、すでに第二講で成立について触れました。ここでも、栄西に続いて、この舞台で活躍する僧たちの動向を交えながら、その後の発展についてお話していきましょう。

さきにも述べたように、初期の鎌倉幕府の宗教政策を担ったのは、畿内から下ってきた僧でした。ここではまず、定兼《じょうけん》に注目してみましょう。

阿闍梨《あじゃり》定兼召しにより、上総《かずさ》国より鎌倉に参上す。これ、去る安元元年四月廿六日、当国の流人なり。しかるに知法《ちほう》の聞え有り。当時、鎌倉中然《しか》るべき碩徳《せきとく》なきの間、広常《ひろつね》[7]に仰せて召し出さるる所なり。今日、則ち鶴岡供僧《ぐそうしき》職に補せらると云々。（治承四年一二月四日条）

7　上総権介平広常。初期鎌倉幕府の有力御家人。寿永二年末に頼朝により誅殺される。

定兼は、もと高野山検校《こうやさんけんぎょう》でした。つまり、真言宗僧です。しかし相論《そうろん》により、安元元年（一一七五）四月一四日に上総国に配流となります。約二週間後の二六日になって、関東に下着したことが『吾妻鏡』の記事から分かります。のち、元暦元年（一一八四）八月二五日に没しました（『高野春秋編年輯録《こうやしゅんじゅうへんねんしゅうろく》』）。『吾妻鏡』によれば、定兼は上総国の流人とはいえ、仏法をよく知る僧であると聞こえていました。当時鎌倉の中にはしかるべき僧が不在であったため、上総介広常に命じて頼朝はこの僧を招集します。それは、定兼を鶴岡八幡宮の供僧職に任じるためでした。

供僧とは第二講でもお話ししたように、それぞれの寺院において供養法会を執行するために定員化された僧侶のことです。その経済的基盤として、多くの荘園が寄進されました。鶴岡八幡宮の場合には二十五坊供僧職が整備されていきます。

のちには京都から下ってきた貴種や高位の僧、また有力な法脈を継承した僧などが任命されていきますが、最初は定兼のようにたまたま流人として関東に滞在し、上総国衙《こくが》の監督下に暮らしていたような僧を寄せ集めて供僧制が始められたのでした。供僧の出身宗派を見ると、寺門派が多いものの途中からは真言宗僧も増えてきます。供僧の住む二十五坊は、それぞれの宗派出身の僧が弟子に相続させていました。しかし、別当進止坊《しんしぼう》については、別当が交代するたびに新たな供僧を補任するので、別当の出身宗派の僧が増えるのは当然のことでした。

定豪と鶴岡八幡宮　まもなく、幕府はより積極的に京都周辺から有力な僧を招いて、鎌倉の宗教体制を確かなものにしていきます。その一人として有名なのが定豪（一一五二―一二三八）です。定豪は下級貴族の出身ですが、真言宗広沢流《ひろさわりゅう》の一派、忍辱山流《にんにくせんりゅう》を兼豪《けんごう》より受けます。こうして元暦二年（一一八五）に法橋《ほっきょう》に叙せられました。法橋は最下位とはいえ僧綱位で、このクラスに仲間入りした僧侶は、仏教界では主導的な役割を果たす上層部として遇されました。やがて定豪は、建久二年（一一九一）に鶴岡八幡宮供僧職に補任され、まもなく鎌倉宗教界で重要な役割を果たしていたことが『吾妻鏡』に見えます。

旧院御一廻の忌辰を迎え、御仏事を修せらる。千僧供養《せんそうくよう》なり。御布施は口別、白布二端・藍摺《あいずり》一端・麞牙《しょうが》一袋なり。武蔵守義信行事たり。その儀、宿老の僧十人を定められ、頭となす所なり。仍ち各百僧を相具し、便宜の道場を点ず。饗禄《きょうろく》等を沙汰せんがため、百口ごとに二人の奉行を相副えらると云々。（建久四年三月一三日条）

旧院とは前年に崩御した後白河院のこと、この日ちょうど一周忌を迎えます。そこで謹修《ごんしゅ》された仏事は、一〇〇〇人の僧侶により供養の法会を行い、またこの一〇〇〇人に僧膳《そうぜん》や布施を供する千僧供養でした。もちろん大規模な法会で施設も大がかり、費用も莫大なものでした。ここに見えるように、全員に白布・色布および「麞牙」＝米を与えています。

全体を総括した「行事」は源氏の一族、平賀義信で、長老格の僧一〇人を定めて、そのもとにおのおのの一〇〇人の僧を従わせました。さすがに当時の鎌倉に、いっぺんに一〇〇〇人を収容できる道場はなかったと見え、この一〇〇僧のユニットごとに適宜道場を指定しました。これらの僧への饗禄（この場合は僧膳と布施）を差配するために、一ユニットに二人の「奉行」を配置します。

定豪らの活躍　以下、同日条にはこの日の各ユニットの「頭」たる僧とその奉行人を書き上げた「散《さん》状《じょう》」（報告）が載せられています。奉行には三善康信や二階堂行政といった初期鎌倉幕府の有能な文士らの名が見え、この行事を現場で遅滞なく執行するために活躍したことでしょう。「頭」としては、鶴岡八幡宮別当法眼円暁《ほうげんえんぎょう》、のちに頼朝の墳墓に建てられた法華堂の別当となる法橋行慈《ぎょうじ》といった僧に交じって、法橋定豪の名が見えます。彼らは僧綱クラスの比較的高位の僧でしたが、なかでも円暁はかつての白河天皇のライバルであった皇弟輔仁親王《すけひとしんのう》の孫で祖母は源義家女という、当時の鎌倉においては京からやってきた僧の中でも抜群の血筋を誇る人物でした。それほどではありませんが、行慈の父菅原宣登は儒者で、定豪と同じく下級貴族の出身です。ともに京から下ってきた文士の立場に準じて考えることができるでしょう。

定豪はこののちも幕府・北条氏への奉仕を続けて、勝長寿院別当（正治元年六月二日）に就きます。さらに僧綱位昇進を続け、ついに鶴岡八幡宮別当（承久二年一月二一日）を務めます。承久三年（一二二一）の承久の乱に際しては、京方を迎え撃つべく、いまだ未成熟だった鎌倉宗教界を代表し、行勇らとともに祈禱を命じられました。

世上無為の懇祈《こんき》を抽《ぬ》きんずべきの旨、荘厳房律師[8]并に鶴岡別当法印定豪等に示し付く。また、三万六千神祭を行う。民部大夫康俊・左衛門尉清定これを奉行すと云々。

（承久三年五月二〇日条）

8　退耕行勇（一一六三—一二四一）。栄西の弟子として活動し、鎌倉では寿福寺を拠点とした。

鎌倉には急使により、京方による北条泰時追討の知らせが届いたばかりでした。北条政子が、即座に御家人一同に檄《げき》を飛ばした、あの『吾妻鏡』に載る名演説が行われた、すぐ次の日のことでした。この演説については、第五講で取り上げ、その意味を考えてみましょう。

承久の乱に際しては、幕府の祈禱として仏僧二名とともに、「三万六千神祭《さんまんろくせんじんさい》」という陰陽道《おんみょうどう》の祭祀が命じられているところも、私には興味深く感じます。京都では、怨敵調伏の主役はあくまで仏教です。ところが、このあと展開していく鎌倉独自の宗教体制の中では、陰陽道祭祀が非常に大きな役割を果たします［赤澤二〇一一］。その萌芽を見る気がするからです。乱の勝利を受けて、定豪は後鳥羽院の近臣僧であった長厳失脚の跡に熊野三山検校職《くまのさんざんけんぎょうしき》に就きます。この職は、基本的には寺門派が独占していたものです。それを長厳から奪い真言宗の定豪に与えたことは、当然寺門派にとっては大打撃であり、謀反人長厳に対する厳しい譴責の意味があったでしょう。一貫して寺門派には優遇的であったと理解されてきた幕府ですが、このときばかりは断固たる処断を下したのです。

畿内大寺院の要職を占める　定豪が熊野三山検校職とともに手にしたのが、高野山大伝法院座主《だいでんぼういんざす》の地位でした。伝法院は鳥羽院御願により覚鑁《かくばん》が建立しました。その座主の補任権は八条院領の一部として継承されたようで、後鳥羽院の手にあったはずです。承久の乱後に没収された八条院領はいったん幕府に収公され、座主職は定豪に与えられたものでしょう。没収地の大半はまもなく、乱後の朝廷においてあらたに院政を委ねられた後鳥羽院の兄、後高倉院に返付されましたが、大伝法院座主職はそのまま定豪に安堵されたもののようです。

八条院領はのち、後高倉院皇女安嘉門院《あんかもんいん》に譲られます。この間、高野山衆徒との間に訴訟が起こりますが、けっきょく安嘉門院の安堵により定豪の勝訴に終わったことが、寛喜元年（一二二九）一〇月七日「後堀河天皇綸旨《りんじ》」により分かります（「根来要書《ねごろようしょ》」『鎌倉遺文』三八七三）。定豪に対する幕府のバックアップがあったことは明らかで、このときは工作のため有力御家人の後藤基綱《ごとうもとつな》が上京していました（『明月記』同年七月二日条）。

承久の乱を乗り切った幕府は、朝廷に対して皇位の決定さえ左右するような優越的な立場を築いていきます。また京方の武士の没収地に東国から多くの御家人が下るなど、西国に対する支配も格段に強化されました。北条得宗《とくそう》家主導とはいえ、御家人制も一応の安定期に入ります。定豪は承久三年のうちに鶴岡別当職を弟子の定雅《じょうが》に譲りますが、「先官たりと雖も、多年社務を管領すと云々」、つまり前職となったあとも八幡宮の寺務を統括していたと言われています（「鶴岡八幡宮別当次第」）。この後定豪は、東大寺別当・大僧正・東寺長者法務と僧綱位を極め、四条天皇護持僧も務めました。安定期の幕府を支えた鎌倉宗教界の重鎮であったことは間違いありません。

鎌倉の三大寺院へ　ここまで、幕府としてとくに保護を加えた勝長寿院・永福寺・鶴岡八幡宮（寺）の三つの寺院を通覧してきました。これに、三代将軍源実朝の建立にかかる新御堂大慈寺と、四代将軍頼経の五大堂明王院《ごだいどうみょうおういん》を加えて見ることもあります。

大蔵幕府と三寺院の配置図

この三ヵ寺は発展するにつれて、同時代においても鎌倉の主要な寺院と見なされていきました。仁治三年（一二四二）に成立した『東関紀行《とうかんきこう》』は、京から鎌倉に下ってきた身分ある女性の旅行記ですが、やがて見えてきた鎌倉の立派な街並みに感心する有名な記述があります。その有様を、彼女はつぎのように描いています。

中にも鶴が岡の若宮は、松柏《しょうはく》の緑いよいよ茂く、頻繁の備え欠くる事なし。陪従《ばいじゅう》を定めて四季の御神楽《かぐら》怠らず、職掌に仰せて八月の放生会を行わる。崇神《すうじん》の慈《いつく》しみ、本社に変わらずと聞ゆ。二階堂は殊《こと》に優《すぐ》れたる寺なり。鳳の甍《いらか》日に輝き、鳧《かも》の鐘《かね》霜にひびき、楼台の荘厳《しょうごん》より始めて、林池の麓に至るまで、殊に心留まりて見ゆ。大御堂と聞こゆるは、石巌の厳しきを切りて、道場の新たなるを開きしより、禅僧庵をならぶ。月おのずから紙窓《しそう》の観を訪い、行法《ぎょうほう》坐を重ね、風とこしなえに金磬《きんけい》の響きを誘う。

傍線を引いたのが、かの三ヵ寺です。まず鶴岡八幡宮は、いまもそうであるように緑豊かな環境にあったようです。陪従つまり楽人たちによって四季に神楽が奉納され、八月には放生会も行われて、洛南の石清水八幡宮と変わらぬ崇敬ぶりであると言います。続いて永福寺については、甍が輝き梵鐘の響き渡る伽藍の壮麗さが讃えられています。そこから林池つまり庭園までが印象深いと描きます。これも、平泉大長寿院を模したものでしょう。そして勝長寿院です。ここは、三方から市中に迫る断崖の一部を開いた道場であったといいます。禅僧とはいわゆる禅宗の僧侶ではなく、修行に励む僧たちという意味です。その僧房が軒を連ねて明り窓に月がさし込み、密教の修法も盛んに行われて、仏事に用いられる磬という金属製の打楽器が絶えず響いていると述べています。三〇年ほど下って弘安元年（一二七八）、日蓮《にちれん》もこの三ヵ寺が真言の修法により武家の祈禱を行う中心的な寺院であると書状の中で述べています（弘安元年九月六日「日蓮書状」）。

4　鎌倉の仏教と寺門派の再評価

鎌倉の発展と天台宗寺門派　これらの寺院には、いずれも天台宗が大きな勢力を根づかせていました。天台宗は、平安時代中期に延暦寺を拠点とする山門派と園城寺《おんじょうじ》を拠点とする寺門派に分裂し、同じ天台宗とはいえ両者は対抗関係にありました。かつ、実際には真言宗も鎌倉宗教界に進出し、大きな足跡を残します。近年、きわめて詳細にこのような点が明らかにされてきました。この実態について平雅行さんは、かつて「禅密体制」と鎌倉の宗教体制を大胆に定義した佐々木馨さんの説を批判し、時期や寺院によって必ずしも寺門派が鎌倉のすべてを席巻していたわけではないことを強調しています〔佐々木一九八八〕〔平二〇〇九〕。

ただし、こと『吾妻鏡』に限って言えば、鎌倉の体制宗教は圧倒的に寺門派であったかのように叙述されています。実態はそれとして重要ですが、この講義ではやはり『吾妻鏡』の〝寺門派びいき〟の理由を考えてみなければなりません。

すでにみたように、頼朝の個人的な祈禱の場から出発した鎌倉や周辺の寺院は、じょじょに国家的な宗教秩序へと編成されてゆきました。これを助けたのが、先にも注目したように、文士として京都から下向してきた人々です。文士には、朝廷の文書行政実務の経験が豊富であったり、和歌・蹴鞠などの芸能に巧みな下級貴族とともに、修法などに長けた宗教者が含まれています。陰陽師も大きな役割を果たし、鎌倉に独自の宗教体制を構築したことはさきに述べたとおりです。僧もまた例外ではありません。家柄などによって都では昇進が望めない人々も、新天地鎌倉に活路を見出さんと次々に下向してきたのです。こうして、鎌倉幕府の文化宗教政策が順調に発展していくと、のちにはわざわざ京から一流の高僧も鎌倉に下向してくるようになりました。

なかでも、鎌倉幕府と寺門派の関係が伝統的に深いことは事実です。『平家物語』などにも、武力を擁した寺院勢力と、朝廷や平氏・源氏との複雑な関係が治承寿永の内乱を深刻化させていったことがよく描かれています。かつて田中文英さんは、同時代史料を丹念に検討してその実態を歴史的に明らかにしました〔田中一九九四〕。こうした研究からも、治承寿永内乱期において、山門派（延暦寺）は平氏方、寺門派（園城寺）・南都《なんと》は反平氏という基本構造は明らかでした。

こうした寺門派と鎌倉の深い縁を強調するかのように、草創期の物語として『吾妻鏡』は園城寺僧律静房日胤《にちいん》について語ります。

> 園城寺律静房日胤弟子の僧日恵《にちえ》〈帥公《そちのきみ》と号す〉、鎌倉に参着す。彼の日胤は、千葉介常胤《つねたね》の子息にして、前武衛《さきのぶえい》[9]御祈禱の師なり。仍て去年五月、伊豆国より遥かに御願書を付けらる。日胤これを給わり、一千日石清水宮寺に参籠《さんろう》せしめ、無言に大般若経を見読せしむ。六百ヶ日の夜、眠りの内に、宝殿より金甲《きんこう》を賜うの由、霊夢を感ず。
>
> 9　前兵衛佐源頼朝。

日胤は千葉常胤の子息で、頼朝の祈禱依頼を受ける師檀《しだん》関係にありました。以仁王の令旨が発せられる前から、頼朝は伊豆国から日胤に祈願を託します。日胤はこの願文にもとづいて石清水八幡宮に一千日参籠し、無言に『大般若経』を読誦するという仏事を始めて応えました。するとこの経典の巻数にちょうど一致する六百日目の夜、宝殿から金の鎧《よろい》を賜るという霊夢を感得します。なお、本文通り「去年」とすると、まだ一年余りしか経っておらず、「六百日」というのは日数が合いません。「去年」は「先年」の誤りでしょうか。続きを見ていきましょう。

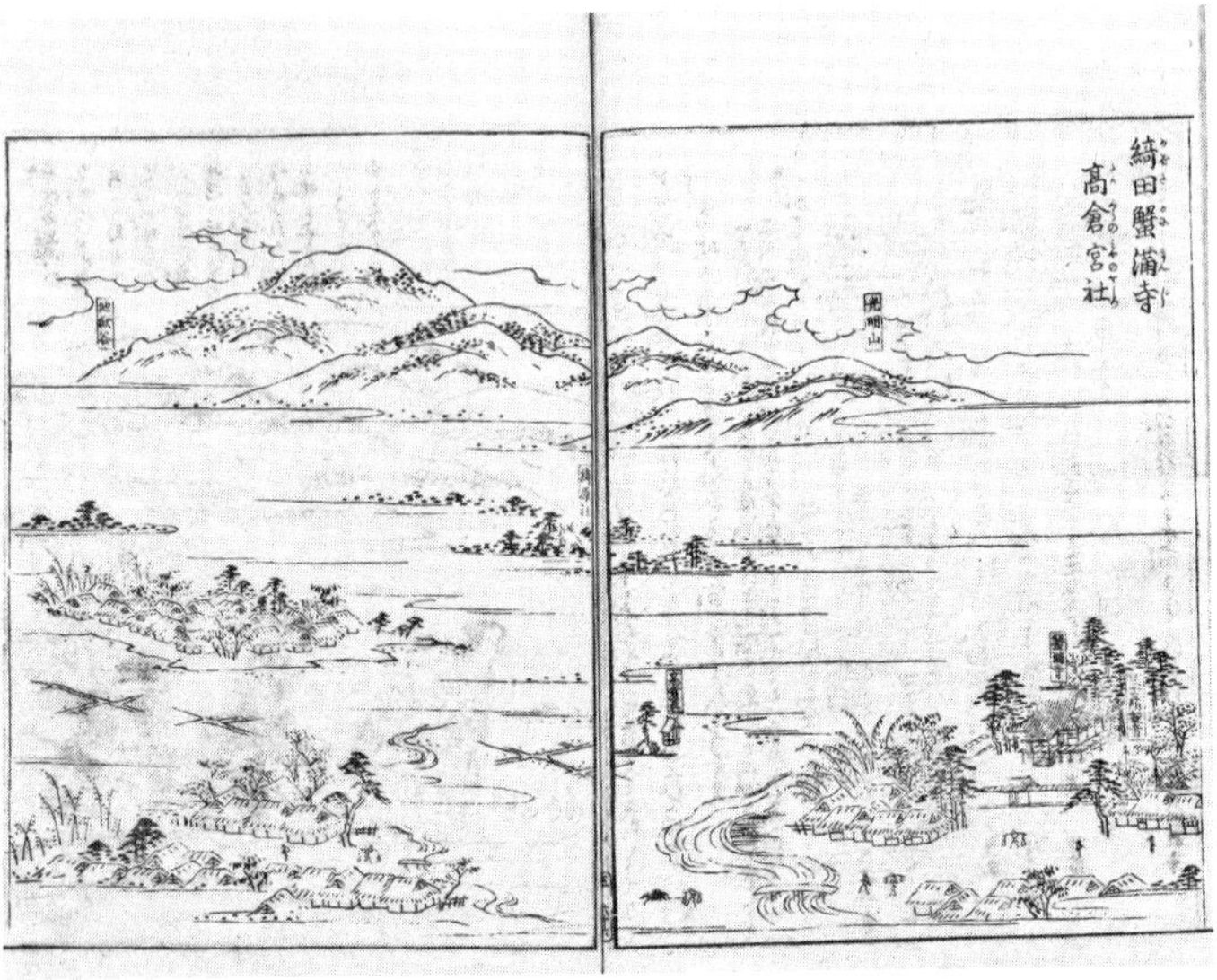

光明山　『京都名所図会』安永９年刊，東京大学駒場図書館所蔵

潜《ひそ》かに所願成就の思いを成すの処、翌朝高倉宮[10]三井寺《みいでら》に入り御うの由、武衛の御願書を日恵に誂《あつら》え、宮の御方に奔《はし》り参る。遂に同月廿六日、光明山の鳥居において、平氏のために討ち取られ訖ぬ。而るに日恵、先師の行業《ぎょうごう》を相承し、千日の所願を果たす。遺命を守りて参内〔向〕せんと欲するの処、都鄙《とひ》静かならざるの間、今に遅引の由、これを申すと云々。

（治承五年五月八日条）

10　以仁王。前年四月九日に以仁王令旨が発せられ、同二十日に伊豆の頼朝のもとに届いた。しかし、翌五月一五日に以仁王挙兵が露見し、配流の宣旨が下されて治承寿永の内乱が勃発した。

ひそかに頼朝の願いが成就するだろうと思っていたところ、翌朝になって高倉宮以仁王が三井寺（園城寺）にお入りになったと聞き、日胤は頼朝の願文を弟子の日恵に預けて宮のもとに馳せ参じます。園城寺から同じく平氏に敵対的な南都の勢力を頼って落ち延びる途中、日胤は東大寺別所（末寺の一種）であった光明山寺《こうみょうせんじ》のあたりで以仁王とともに落命しました。

いっぽう日恵は、師から託された頼朝の願文とともに千日参籠を引き継いで無言に『大般若経』を読誦し続け、ついに達成します。その報告のため、戦乱のなかを遅れながらもようやく鎌倉にやってきたというのが、この日の記事でした。

源家数代崇重の寺　このような源氏と園城寺の関係を示すのが、次の記事です。

園城寺回禄《かいろく》の間、唐院《とういん》幷に堂舎僧坊を修造せらるべきの由、その沙汰有り。駿河前司惟義《これよし》朝臣・豊前守尚友等を以て、惣奉行《そうぶぎょう》たり。宇都宮《うつのみや》入道蓮生《れんしょう》〈山王社《さんのうしゃ》ならびに拝殿《はいでん》〉・佐々木《ささき》左衛門尉広綱《ひろつな》〈四足門《よつあしもん》〉・源三左衛門尉親長《ちかなが》〈鐘楼《しょうろう》〉・内藤左衛門尉盛家《もりいえ》〈預坊〉已下、十八人の雑掌《ざっしょう》を定めらる所なり。

三代将軍源実朝は、前年に和田合戦をなんとか乗り切って求心力を高め、勅撰集『新古今和歌集』を完成させた後鳥羽院との関係も深まっていた時期です。『吾妻鏡』には、すでに承元三年（一二〇九）、園城寺長吏公胤《こういん》が鎌倉に下向して寺門派の興隆を訴えるなど、幕府と接近していたことが見えます。ちなみに、亡き二代将軍頼家の遺児で、実朝暗殺の張本人となる公暁《こうぎょう》を弟子として預かっていたのも、この公胤でした。

いっぽうこれ以降、歴史的に対立してきた園城寺と延暦寺との関係はとくに悪化してしまいます。こうして建保二年四月一五日、延暦寺が園城寺を攻撃し、火災によって唐院以下多くの堂舎が焼失したのでした。二五日、公胤からの愁訴が幕府に届いたことを受けて、さきの記事に見えるように幕府は御家人らを奉行に命じ、再建への協力を表明します。大内惟義らを惣奉行とし、宇都宮頼綱《よりつな》（蓮生）や佐々木広綱ら主だった御家人一八人をそれぞれの堂舎の現場責任者（雑掌）に割り振ります。

ここから『吾妻鏡』は、続いて源氏と園城寺の由緒を語り始めます。

> 当寺は、源家数代崇重の寺なり。所謂、予州刺史《よしゅうしし》禅室《ぜんしつ》〈頼義朝臣〉、一男快誉《かいよ》阿闍梨を以て智証大《ちしょうだい》師《し》門徒に加え、三男刑部丞義光《よしみつ》を以て新羅明神《しんらみょうじん》氏人として以降、鎮守府将軍〈義家朝臣〉殊に当寺の丹祈を恃《たの》む。しかるに最愛の御息女盲《めし》い給う。錦織《にしごり》僧正行観《ぎょうかん》これを加持《かじ》し奉るに、忽《たちま》ちに以て本《もと》に復す。将軍感悦の余り、三度僧正を拝す。吾が子孫、永く和尚の門徒に帰すべしと云々。
> 幕下将軍は、両ヶ庄園[11]を以て一寺の依怙《えこ》と為す。また、鎌倉中に数宇の伽藍を建立し、公顕・公胤両僧正を以て供養導師と為す。剰《あまつ》さえ、御鬢髪《びんぱつ》を青龍院《せいりゅういん》に納めらる。此等の芳躅《ほうたく》に依り、今の儀に及ぶか。（建保二年五月七日条）
>
> 11　近江国横山・若狭国玉置領の二ヵ所（元暦元年一二月一日条）。

長元元年（一〇二八）に東国で起こった平忠常の乱平定に派遣された頼義は、関東に勢力を伸ばします。ついに陸奥守として前九年の合戦を勝ち抜き、朝廷にも高く評価されました。その息男が義家ですが、その兄弟のうち僧となった快誉は寺門派の門徒となります。また義光は、園城寺守護神の新羅明神の神前で元服《げんぷく》し、氏人として帰依しました。義光もまた東国に地歩《ちほ》を固め、その流れから常陸佐竹氏や甲斐武田氏が生まれていきます。息女の目の病が錦織僧正行観の祈禱によって本復《ほんぷく》したことから、義家もまた園城寺に深い信心を捧げ、子孫は長く寺門派に帰依するように定めます。

そのようなわけで、「幕下」すなわち前右大将こと故頼朝も二ヵ所の荘園を寄進し、これが園城寺全体の経済基盤となりました。鎌倉の市中に建立された数宇の伽藍には公顕・公胤両僧正も招待され、供養を遂げています。第二講では、とくに清水寺との関係に注目しながら建久元年（一一九〇）の頼朝上洛に触れました。このとき頼朝は園城寺にも参拝し、青龍院に剣や砂金一〇〇〇両を奉納しています。このような縁があって、おそらくはのちに、この記事に見えるように遺髪が追善供養のために納められたのでしょう。

このような、先祖からの何代にもわたる縁が、園城寺と源氏との間には築かれていた、と鎌倉時代後期には考えられていたのです。反乱の企てが発覚した以仁王が園城寺を指して逃れたのも、源氏との関係からこの寺が反平氏の立場にあったからです。また、後白河院も個人的には「智証大師」つまり寺門派の祖である円珍《えんちん》の門人を自負し、園城寺を優遇して、しばしば対立する山門派の延暦寺の怒りを煽り立てていました。

園城寺公顕の活動　さて、ここに園城寺から導師として、わざわざ鎌倉に招待されたとされる公顕もまた、草創期の幕府に大きく貢献していました。公顕は皇孫でもある源《みなもとの》顕康《あきやす》男でしたが、保延三年（一一三七）に僧綱の一歩手前の「有職《うしき》」のひとつ、阿闍梨に補せられてから昇進を重ねます。承安二年（一一七二）の後白河院・平清盛による福原千僧供養の説法の賞として、院の強い意向で先任一三人を抜き、ついに権僧正《ごんのそうじょう》に補任されました。九条兼実はこの件について、日記に痛烈な批判を残しています（三月二二日条）。

やがて専制化を強める平氏、強訴《ごうそ》を繰り返す延暦寺と院との関係が悪化した治承二年（一一七八）一月、院は園城寺に御幸のうえ、とくに公顕から密教の灌頂を受けようと図ります。この間の背景は、『玉葉』（一月二〇日条）や『山槐記』（同日条）が分析する通りで、院の延暦寺に対するあからさまな挑発でした。院はこの件こそ断念したものの、同年五月二〇日より内裏で催された恒例の最勝講《さいしょうこう》に、山門派の僧を一人も招きませんでした。由緒ある「三講」の一つであるこの法会に出席した実績が、僧にとっては将来の僧綱昇進への重要な評価基準となるだけに、延暦寺にとっては強力な圧力となりました。

こうして翌年、ついに清盛による後白河院の幽閉と近臣の解官《げかん》、いわゆる「治承三年のクーデター」が起こります。続く内乱のさなかの寿永元年（一一八二）、公顕はさらに園城寺長吏となりますが、結局院の園城寺における灌頂は、内乱も一段落したのち、文治三年（一一八七）八月に、公顕の手によってようやく実行されました。公顕はその賞によって、僧綱所の長官である法務大僧正に補せられました。

『吾妻鏡』には、翌年一月一一日に公顕が六勝寺《ろくしょうじ》のうち尊勝寺《そんしょうじ》を除く五ヵ寺の別当に補せられたことを伝えます。別の史料によれば、公顕は後白河院の法住寺殿《ほうじゅうじどの》に付属した持仏堂でもあった蓮華王院《れんげおういん》（長講堂、三十三間堂）の別当にも補せられたようです（「園城寺伝法血脈《おんじょうじでんぽうけちみゃく》」）。このことを公顕は書状で頼朝に知らせ、みずから「朝恩の至り、自愛」と述べています。これはさる文治元年に、これから見る勝長寿院の供養導師として招かれた際に（文治元年九月一〇日、一〇月二〇・二四日条）、「憂喜につけてお手紙を差し上げます、と頼朝とお約束したのでお知らせいたしました」と見えます（文治四年二月四日条）。文治六年三月三日に天台座主に補せられた際にも頼朝に知らせますが、実際には三日で辞表を提出しています（文治六年三月二〇日条）。寺門派の天台座主補任は山門派の強硬な反対により実現しないのがつねで、公顕の名誉を高めるためのパフォーマンスにすぎません。このとき公武ともに覚えのよかった、寺門派の僧公顕の到達点でありました。

　やがて建久三年三月の後白河院崩御に際し、鎌倉でも京でも大きな仏事が催されました。（建久三年四月二八日条）。京都における四十九日の様子は、藤原定家の日記『明月記』に見えます。それによれば導師は公顕で、唐綾《からあや》単衣二〇着・錦横被《にしきのおうひ》一点・綾三〇疋・絹三〇〇疋、そして白布・紺布・藍摺各一〇〇反というきわめて豪華な布施が与えられています。同年一一月には、先にも触れた永福寺の落慶供養が行われますが、その導師も公顕でした。『吾妻鏡』は、一二月二日の帰洛に際し、「已に両度の屈請《くっしょう》に応ず。多生《たしょう》の芳契《ほうけい》と謂うべし」、二度まで公顕を鎌倉に迎えられたのは、前世からの（源氏や頼朝との）深い縁によるものだと喜びの気持ちを記しています。その翌年九月、公顕は八四歳の生涯を閉じました。

隆弁の登場　常住こそしていなかったものの、公顕は草創期の鎌倉の仏教に大輪の花を添え、大きな役割を果たしました。その死から一五年のち、大納言藤原隆房《ふじわらのたかふさ》の子として生まれたのが、のちの隆弁《りゅうべん》です。彼が「大納言阿闍梨隆弁」としてはじめて鎌倉に下着したのは、文暦元年（一二三四）三月六日のことでした。おりしもその前日、鎌倉の御所では北条泰時嫡男で、将来の執権たるべき一一歳の経時《つねとき》が、北条氏以下居並ぶ有力御家人の見守る中、将軍頼経の加冠《かかん》により元服の儀式を遂げていたのでした。

隆弁の兄隆衡《たかひら》は三代将軍源実朝正室である坊門信清《ぼうもんのぶきよ》女の姉妹を妻としており、また隆衡の子隆親の妻は足利義氏女能子でした。このような関東の縁も、下向のきっかけとなったでしょう。最近出版された、永井晋さんの労作『鎌倉僧歴事典』の隆弁の項を通覧していると、とくに前半生は将軍頼経の祈禱を主に請け負っている様子が見えてきます［永井二〇二〇］。たとえば、暦仁元年（一二三八）の頼経上洛時には、将軍の身体護持（現代で言えば、健康管理要員みたいなものです）のため、験者《げんじゃ》の一人として隆弁が付き従っています。ちなみに、ほかに同行した護持僧成源は山門派、験者のうち公覚《こうかく》は寺門派、頼暁《らいぎょう》は真言僧でした。幕府の宗教体制とは別に、将軍個人の護持は必ずしも寺門派優勢というわけでもなく、むしろ三門の真言師をバランスよく配置していることが分かります。

寛元元年（一二四三）六月、前年の仁治三年に即位した後嵯峨天皇と西園寺《さいおんじ》姞子《きつし》の間に久仁《ひさひと》親王、のちの後《ご》深草《ふかくさ》天皇が誕生します。仁治三年は正月早々四条天皇が崩御し、六月には鎌倉でも北条泰時が没したたいへんな年でした。そんな中、隆弁は姞子の安産祈禱のため上洛していました。やがて翌年、皇子誕生の知らせが京都からもたらされると、隆弁には賞として法印《ほういん》の僧位が与えられました。

京都の使者参着す。去る十日午刻、皇子降誕と云々。この御加持《かじ》のため、大納言僧都隆弁、去年上洛す。件の勧賞として、同廿日法印に叙す。この御誕生、別して将軍家の御慶賀たり。御外戚の寄《たより》有るの故なり。（寛元元年六月一八条）

「皇子誕生は、将軍頼経にとっても慶賀の至りであったが、それは頼経が外戚に縁があるからである」、ということについては、次頁に系図を掲げておきました。頼経の母は西園寺公経《きんつね》女綸子で実氏《さねうじ》と兄妹、その実氏と四条貞子《さだこ》の間に生まれたのが姞子で、後深草天皇の生母となります。頼経と姞子はいとこ同士、そのいとこの生んだ皇子の誕生をことさらに賀した、というわけです。

つまり、このときの祈禱にわざわざ鎌倉から隆弁が選ばれたのは、彼自身の血縁関係も手伝ってのことでした。貞子は隆弁の兄四条隆衡の女で、隆弁の姪です。その貞子が西園寺実氏と結婚して生まれたのが姞子でした。隆弁は姞子の大叔父にあたります。

北条氏への接近　隆弁はこういう関係もあって、しばらくは前将軍となってもなお鎌倉に留まっていた頼経の祈禱に奉仕していました。その流れが変わってくるのが、寛元三年七月に北条経時の病の回復を祈ったころからです。ちょうど同じ七月一日には頼経が出家し、続いて二六日には経時妹が新将軍頼嗣《よりつぐ》の御台所として、日取りも選ばず慌ただしく御所に入りました。頼経の出家は年来の素懐《そかい》で、天変や病

隆弁関係系図　ゴシック体は本文に直接関係ある人物

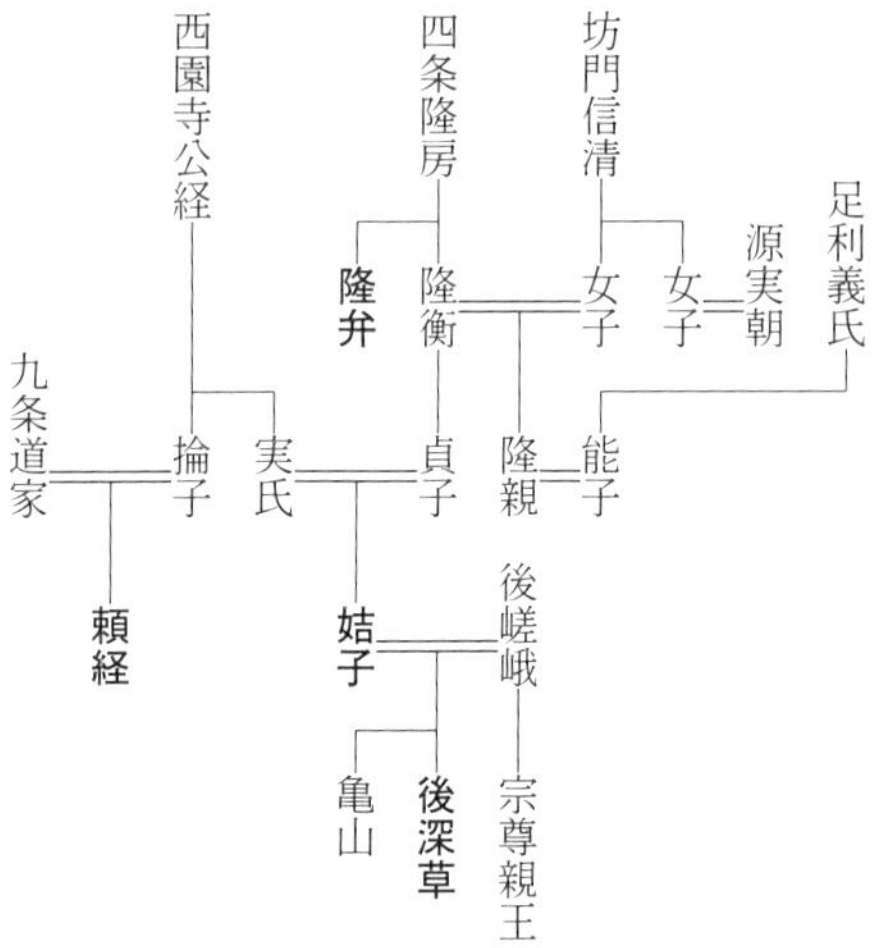

気なども理由だ、などと『吾妻鏡』は述べています。しかし、経時の健康不安に乗じて頼経周辺に集まる反得宗勢力への、得宗側の掣肘《せいちゅう》という政治背景は覆うべくもありません。経時の死没から時頼への権力継承に向けて、いよいよ政局が動き始めた時期、それが寛元三年七月だったのです。

翌年になると、経時の容態は絶望的となり、三月二三日の「神秘御沙汰」で時頼《ときより》に執権を譲ると、閏四月一日に没します。すると五月には、時頼は反得宗勢力の中枢を担った名《な》越光時《ごえみつとき》や、有力御家人千葉本家筋の上総千葉秀胤《ひでたね》、後藤基綱などを排除します。続いて七月、「大《おお》殿《との》」＝前将軍頼経はついに京都に送還されました。こうしたなか、九月になると『吾妻鏡』にやや久しぶりに隆弁が登場します。時頼が特別の願により薬師如来を造立したので、その製作開始にあたり材料である御衣木《みそぎ》を加持してほしい、と依頼した記事です。

左親衛12殊なる所願により、薬師如来像を造立せらる。今日、大納言法印隆弁をしてその御衣木13を加持せしむ。この上綱《じょうごう》、去年より在京の間、護持のため頻《しき》りに招請せしめ給うに就き、一昨日〈廿五〉下着すと云々。（寛元四年九月二十七日条）

12　左近将監北条時頼。
13　仏像の材料となる木材。

『吾妻鏡』でこの前に隆弁が確認できるのは、寛元三年八月の放生会の際、将軍頼嗣の加持に奉仕した記事です。これ以降、年内に上洛していたわけですが、あるいは将軍に近侍する僧であったことから政争に巻き込まれることを避けたとも考えられます。するとこの記事で「しきりに（鎌倉に）招き寄せた」というのは、以後は時頼の護持のために活動してほしい、という意味が込められていたのかもしれません。

時宗の誕生を予言　ここではもう一つ、少し後の出来事になりますが、北条氏に奉仕した記事に触れておきます。

今朝相州、安東五郎太郎を以て御使として、御書を若宮別当法印〈隆弁〉に送らる。偁く、女房産の事、日ごろ今日たるべきの由、仰せらるると雖も、今にその気分なきの間、御存知の旨、頗《すこぶ》る不審と云々。返報を献じ畢ぬ。今日酉刻、必定たるべし。御不審有るべからずと云々。

これまで安産祈禱に携わってきた隆弁に対して、若き父親となろうとしている時頼からの手紙です。「ひごろから、妻の出産は今日だとおっしゃっていたが、いまだに産気づかない、お考えの意味が分からない」と不安がっていますね。これに対して隆弁の返事は、「今日の夕方六時ごろに必ず生まれます。ご心配のないように」とのことでした。果たして午後四時ごろに産気づき、医師以下が参候しました。いよいよ予告通りに酉の刻も終わるころ、ようやく隆弁が現れて加持すると男子が誕生しました。これがのちの北条時宗《ときむね》です。

一同大喜びの後、隆弁はすかさず時頼にこう語ります。

> 仍ち鶴岡八幡宮宝前において、去年正朔より丹誠肝膽《たんせいかんたん》を砕くに、夢告これ有り。同八月妊ぜしめ給うべきの由、申さるるの上、今年二月、伊豆国三島社壇に侍りて祈請の間、同十二日寅刻の夢に、白髪の老翁、法印に告げて曰く、祈念する所の懐婦、来る五月十五日酉刻、男子を平産すべきなりと云々。果たして旨の如し。奇特と謂うべきか。（建長三年五月一五日条）

鶴岡八幡宮宝前で、昨年頭より祈願したところ、八月妊娠の夢告を授かった。さらに今年二月には、三島の神たる白髪の老人が夢に現れ、出産の日時から男子を無事出産することまで告げた、というのです。すでに「当時法験無双」（寛元三年三月一八日条）と言われていた隆弁をここまで信用し、北条得宗家の祈禱僧に取り込むまでには、しかし時頼も隆弁も、乗り越えなければならない一大事がありました。宝治《ほうじ》合戦《かっせん》です。

宝治合戦　『吾妻鏡』には、寛元五年（宝治元年〈一二四七〉）の年頭から、不吉な記事が次々に記されています。正月二九日には羽蟻《はあり》が群飛《ぐんぴ》して鎌倉中に充満したとか、三月一一日には由比ガ浜の潮が血のように赤く変色したとか、同一七日には黄蝶《きちょう》が群飛して鎌倉中に充満したなど。その前日には、わけもなく鎌倉が騒然としたりして、夕方には収まったものの、黄蝶の群飛は遠く将門《まさかど》の乱《らん》や前《ぜん》九年《くねん》の役《えき》のときと同じで、東国兵乱の凶兆だと古老がつぶやく有様でした。鎌倉の民衆は、すでに来るべき反乱の不安を直感していたのです。

源頼朝法華堂跡

　時頼と三浦泰村《みうらやすむら》の最後の折衝もむなしく、六月五日にはついに合戦に突入します。このとき泰村は、源頼朝の法華堂にたて籠ります。いっぽう弟光村《みつむら》は最初永福寺にたて籠りましたが、兄のもとに向かい一族で法華堂に集結しました。頼朝御影像《みえいぞう》の前で、思い出話や最後の気持ちを述懐するうち、泰村の妹婿であった毛利西阿《もうりさいあ》が専修念仏者として

「一仏浄土の因を欣《よろこ》ばんがため、法事讃を行い廻向《えこう》」したといいます。

死を前にした、このような行いすました一幕とは裏腹に、狂気の沙汰も演じられました。このとき、法華堂の承仕《しょうじ》はかわいそうに、どっと入ってきた軍勢に押されて逃げ場を失います。承仕とは、法華堂に置かれた日常の管理人ですが、仕方なく天井に隠れて三浦一族の最後の一部始終を見聞することになりました。合戦が終わった後、尋問に預かった彼の「申詞《もうしことば》」（証言記録）が『吾妻鏡』に収録されています。光村はこのように述べたと言います。

入道御料14の御時、禅定殿下《ぜんじょう》15内々仰せの旨に任す。即ち思し企つにおいては、武家の権を執るべきの条、相違あるべからずと云々。慭《なまじい》に若州16の猶余に従うに依り、いま啻《ただ》に愛子《あいし》の別離を愁《うれ》うにあらず。永く当家滅亡の恨みを胎まんと欲す。後悔余り有りてえり。自ら刀を取りて吾が顔を削り、なお見知らるべきや否やを人々に問う。その流血、御影を穢し奉る。剰さえ、仏閣を焼失せしめて自殺の穢体を隠すべきの由を結構す。両事ともに不忠至極たるべきの旨、泰村頻《しき》りに制止を加うるの間、火災する能わず。

（宝治元年六月八日条）

14　九条頼経。寛元二年（一二四四）将軍を退かされ、翌年出家。同四年、名越（北条）光時ら側近の御家人は粛清され、頼経は京都に送還された。

15　九条頼経父、道家。

「頼経が将軍の時期に、その父である京都の大殿九条道家から内々に、武家の権力を握るようにほのめかされていました。兄泰村の優柔不断な北条氏への態度に従った結果、愛子との別離のみならず、三浦家滅亡が恨めしい」と後悔の念を述べた光村は、自分で刀を取ると顔を削り、これでも私だと分かるだろうか、と周囲の人々に聞いたと言います。その流血が飛び散って頼朝の肖像を穢したばかりか、光村は法華堂を焼いて自殺体を隠そうとします。しかし、どちらも（頼朝への）不忠至極の行いだと泰村に押し止められ、放火もできずにいました。そうするうち、ついに時頼方と最後の合戦となり、六時間に及ぶ死闘の後、泰村以下主だった二七六人、合計五〇〇人余りが自害して果てました。

僧隆弁の軍忠　これに先立つ同三日、時頼はすでに合戦の心を固めたと見えて、隆弁に「無為御祈」を始めさせます。隆弁は五穀を断ち、殿中において「如意輪秘法」を修しました。時頼は、それ以外の祈禱を命じなかったと言います。

決戦に勝利して後、上総千葉秀胤をはじめとする反対勢力の討伐や残党狩り、助命嘆願などが続く一三日、幕府においていろいろと戦後処理を進めていた時頼のもとに、隆弁から「巻数《かんず》」が届きます。

去る三日始行せらるる所の如意輪法結願《けちがん》の間、大納言法印隆弁、巻数を献ず。仍ち左親衛仰信の余り、御自筆を染めて賀章を遣されて云く、今度合戦の間、関東平安なり。併しながら御法験の

致す所なりと云々。（宝治元年六月一三日条）

「巻数」とは、祈禱の折に読誦した経典、誦唱《ずしょう》した真言の数、たとえば「如意輪真言十万反」などと目録に記して施主に届けたもので、報告書の一種です。祈禱の功徳が込められているとともに、僧にとっては調伏《ちょうぶく》という宗教的な軍事行動に対する論功行賞の際の重要な資料ともなりました。武士で言えば、軍忠状《ぐんちゅうじょう》にも匹敵するでしょう。その功徳に信力を増した時頼は、自筆の手紙を遣わしました。彼は「今度の合戦の結果、関東の平和が保たれた。すべてあなたの法験のおかげである」と伝えて労をねぎらったのでした。

鶴岡僧正隆弁　こうして隆弁は、ついに鶴岡八幡宮別当職に補せられます。それまでの別当法印定親《じょうしん》は源　通親《みなもとのみちちか》男で、承久の乱後すぐの時期から鎌倉に奉仕します。定豪の弟子で、真言宗僧でした。定豪のもと寛喜元年（一二二九）に鶴岡八幡宮別当に就き、のちに高野山大伝法院座主職も譲られます。将軍頼経に近く、東大寺別当などを歴任しますが、妹が三浦泰村妻だったために、このとき失脚します。しかし、その後は京都で僧綱位を上り詰め、東寺長者法務まで務めました。

隆弁のほうは、ここから長く鶴岡別当を務めることになります。宗尊親王《むねたかしんのう》将軍期から、さらに『吾妻鏡』が終わった後の弘安四年にいたっても、鶴岡八幡宮で大規模な異国降伏御祈を執行しています（『一代要記《いちだいようき》』）。いっぽう、僧綱位も順調に昇進し、大僧正・法務・園城寺長吏と上り詰めます。その間、正元元年（一二五九）には園城寺戒壇《かいだん》設置運動に乗り出します。上洛したのは九月一四日でしたが、おりしも一一月には後嵯峨院政のもと亀山《かめやま》天皇が即位します。代替わりを意識してか、隆弁は翌文応元年正月早々にこの件を奏聞《そうもん》しました。

当然、延暦寺は猛反発します。そこで同月一四日には「委細の趣を以て不日関東に申し合わさるべし。その間、しばらく火急の結構を止め、木徳《もくとく》の及ぶ所を仰ぐべし」、つまり詳しく幕府と相談するべきであり、その間は性急に事を進めず、温和な態度を心掛けるように、との後嵯峨上皇院宣が下されます（『華頂要略《かちようようりやく》』）。延暦寺への対抗上、園城寺に戒壇を設けることは平安時代からの悲願でしたが、このときもこれからも、実現することはありませんでした。しかしここからも、隆弁が幕府の威光を背景に、代始めのタイミングをとらえて朝廷に勅許を迫ったことは明らかです。

こうして隆弁が園城寺長吏になると、今度は弘安元年（一二七八）五月一二日、延暦寺大衆が日吉社《ひえしや》神輿を振り上げて都になだれ込み、強訴に及びます。その理由は、園城寺金堂供養を宮中で行われる格式の高い御斎会《ごさいえ》に準じて執行しようとしたからだと言います（『一代要記』）。同一五日の院宣により、朝廷はこのような法会の格式を取るつもりはないことを大衆に知らせ、帰山を命じました（「僧官補任」）。一応、これでことは収まりましたが、大衆は帰途、鹿ケ谷《ししがたに》にあった隆弁の房を焼き払ったと言います。ここからも、延暦寺に圧力をかけている張本人が、幕府の威光を笠に着た隆弁と目されていたことが分かります。

鎌倉において寺門派が伸長していった事実を、鎌倉だけ見ていたのでは分からないことが、理解できたでしょうか。今日の第三講では、このことを意識してお話してきました。もはや鎌倉時代中期以降、京と鎌倉の宗教界はことあるごとに連動して動いていました。ここから、幕府が隆弁のような僧を軸にして、ことさら寺門派にテコ入れしていた政治的な意図が見えてくるのではないでしょうか。この点は、明日の第四講を理解するうえでも重要ですので、押さえておいてください。

第四講　日蓮が見た都市鎌倉

1　『吾妻鏡』が描かない鎌倉の仏教

無視された宗教　本日は、「日蓮《にちれん》が見た都市鎌倉」と題して講義をしたいと思います。みなさんは、なにを期待しているでしょうか。

学生A「わたしは、五日間の集中講義のなかでも、今日のテーマを一番楽しみにして参加しています。日蓮といえば、まずは題目《だいもく》を大書した旗を掲げて鎌倉の辻に立ち、迫害にも負けずに辻説法《つじせっぽう》を試みたというイメージがあります。都市鎌倉を語るうえで、欠かせない存在ではないでしょうか。」

なるほど、そうでしたか。日蓮は、何度かの法難を潜り抜けて生涯をまっとうしたことから、江戸時代には厄除《やくよ》けの「お祖師様《そつさま》」として庶民に広く信仰されました。歌舞伎の題材ともなりましたし、日蓮の生涯は二度映画化されてもいます。二度目の『日蓮』（中村登監督、松竹、一九七九年）では、萬屋錦之助《よろずやきんのすけ》さん扮する日蓮が幼い弟子日朗《にちろう》を連れて鎌倉の街角で説法に立ち、人々から投石により批難される場面が印象的に登場します。鎌倉の小町大路《こまちおおじ》には、日蓮辻説法跡が史跡として残されていますね。

辻説法跡

学生B「先生がこの集中講義の最初に紹介された『鎌倉の仏教』を、古本屋で手に入れていたのでさっそく開いてみました。すると、辻説法について書いてあって……」

そうそう、その通りです。あの本のなかで、高木豊さんたちは日蓮の辻説法は史実ではないと指摘していますね。説話の一つとして、室町時代の後半ぐらいに成立したのだろうと。そもそも、『吾妻鏡』も多くの説話を含み、一つの物語と捉えられることはすでに見てきたとおりです。ですから、日蓮辻説法の説話が史実ではないからと言って、それが日蓮の伝記を考えるうえで意味がないわけでもありません。そのような説話が、いつごろどのような目的で形作られてきたのかという視点を持つことが必要でしょう。

ところで、『吾妻鏡』を取り上げているこの講義で日蓮に注目するのは、「的外れだ」と思う方はいらっしゃいませんか。

学生C「そういえば、わたしは名越流北条氏《なごえりゅうほうじょうし》や北条得宗家《とくそうけ》の直臣《じきしん》である御内人《みうちびと》、千葉《ちば》氏などの御家人やその被官富木《とき》氏など、大小いろいろな武士と人脈を持っていることに興味が湧き、日蓮の伝記を読んだことがあります。ところが、『吾妻鏡』に日蓮がまったく登場しないことを知って、ちょっと意外でした。幕府の宗教政策に批判的な『立正安国論《りっしょうあんこくろん》』を提出し、斬首はまぬがれたものの流刑にも処せられたような人物の記事を、なぜ『吾妻鏡』はまったく取り上げないのでしょう。」

いまでは大教団の祖師と仰がれる日蓮ですが、鎌倉幕府の中枢に近い『吾妻鏡』の編者にとって、当時の日蓮は取るに足らない無名の僧でした。しかも、幕府に批判的な彼の活動をあえて取り上げる必要はなかったでしょう。このように、『吾妻鏡』に描かれた都市鎌倉の宗教が、同時期に展開した実像のすべてであったとは限らず、幕府が描きたかった理想像であったことも覚えておきましょう。つまり、日蓮やその行動のように、『吾妻鏡』に記録されなかった宗教の意味をあえて考えてみることもまた、『吾妻鏡』の理解につながります。そのうえで、日蓮の目に映った当時の鎌倉の姿をあわせて想像しながら、今日の講義を進めていきましょう。

日蓮進出期の鎌倉　日蓮が京への遊学を終えて故郷に帰り、法華経《ほけきょう》至上主義を唱え始めたのが、建長五年（一二五三）です。鎌倉に進出してきたのはその直後とされてきましたが、ここでは最近の説に従い、建長七～八年ごろと考えておきましょう［中尾二〇〇一］。執権《しっけん》は北条時頼《ときより》。前執権経時《つねとき》の早世により得宗家を引き継ぎ、すぐに宮騒動や宝治《ほうじ》合戦《かっせん》を乗り切って、辛くも泰時《やすとき》期の「安定」を引き継いだところ

日蓮　浄光院所蔵

でした。将軍のほうは、一連の武士の権力抗争に連動した摂家将軍の追放後、宗尊親王《むねたかしんのう》が新たな将軍として迎えられた少し後でした。鎌倉から海路でほど近い安房《あわ》に暮らした日蓮であれば、これが初めての鎌倉というわけではなかったでしょうが、このように新たな局面を迎えた政治体制のもと、彼はどんな気分で武家の都の空気に胸を満たしたのでしょう。

『吾妻鏡』が描く都市鎌倉の宗教界の中枢は、ほぼすべてが顕密仏教《けんみつぶっきょう》、つまり幕府に擁護された寺院の世界です。日蓮の目に映ったのも、まずは鎌倉の大寺院やそこで活動する顕密僧たちだったでしょう。

都市鎌倉の仏教を考えるうえでも、最近ではこの顕密仏教の世界観の中での分析がとくに進んでおり、おおいに注目していきたいと思います。こうした顕密僧は京都で養成された者も多く、鎌倉に下ってきた後も、朝廷や中央の大寺院につねに連動しながら活動していました。個別の僧をめぐる詳細な研究からこの点が具体的に明らかになったのは、もちろん歓迎すべきことです。ただし、京・鎌倉の交流はもっと以前から、多くの研究者によって多元的に論じられてきたことです。その意味では、全体の動向から遅れを取ってきた鎌倉宗教史研究が、ようやく中世史全体に足並みを揃えつつあるということになります。

加えて日蓮が強く意識したのが、こうした顕密仏教の隙間に巧みに入り込んできた禅宗《ぜんしゅう》・浄土宗《じょうどしゅう》・律宗《りっしゅう》などの新興の仏教諸派だったはずです。律宗と幕府の深い関係はよく知られるようになっていますし、禅や浄土も北条得宗家や他の北条一族と関係を深めていきます。とはいえ、こと体制的な面では、こうした宗派は積極的に鎌倉の仏教に組み込まれることはありません。その意味で、彼らの活動も多くは日蓮と同様、『吾妻鏡』からは無視されていました。

かつて日本思想史研究に大きな足跡を残した家永三郎さんは晩年、「歴史において将来に対する現在の実践的関心なくして過去を学問的に認識することはできない」「そもそも何を歴史的発展の系列のなかで取り上げるか取り上げないか、あるいは取り上げる場合にどの程度の比重で取り上げるか、すべて歴史家の将来に対する現在での実践的関心に規定される」と述べています［家永一九九四］。日本思想史の課題を言い当てた名言として、傾聴すべきでしょう。同時代の権力者が描こうとした理想的な宗教体制に対して、それからは無視された極小な宗教社会集団、そのどちらの存在もうまく取り上げて探ることが現代に生きる我々の役割です。そこから、『吾妻鏡』が描かなかった鎌倉の仏教が見えてくるでしょう。そうした意味で、日蓮の目を借りることには意味がありますが、その視線もまた同時に『吾妻鏡』によって相対化される必要があります。

日蓮の活動拠点―地獄の風景―　ここでぜひみなさんにご紹介したいのが、石井進さんの「都市鎌倉における「地獄」の風景」〔石井二〇〇五〕という論文です。多様な史料から都市鎌倉の実態を明らかにしており、読むほどに現在の風景とも重なってくる鎌倉ならではの魅力を再発見することができます。ここには、幕府の官製寺院が都市の中心を占め、その周縁には新たな宗教運動を目指して入り込んできた雑多な宗教がうごめいていたことが述べられています。

ところが、この論文が引用する多様な史料の中で、意外なことに『吾妻鏡』に言及するのはわずか二ヵ所です。その理由のひとつは、論題にもある通り石井さんが「周縁」の谷戸に展開した「地獄」の風景を描こうとしたからでした。ここで石井さんが、かっこ付きで地獄と言っているのは、直接には『餓《が》鬼《き》草《ぞう》紙《し》』に描かれた風景を指しています。そこには、平安時代末期の平安京の周縁に展開した葬送の地が活写されています。遺棄葬により朽ち果てた遺体が野犬に喰い荒され、いくつかの塚とその上に林立する卒《そ》塔《と》婆《ば》や石積みの間を、想像上の餓鬼たちが徘徊する恐ろしい光景です。続く鎌倉時代の新興都市鎌倉の周縁にも、おそらく同じような風景が広がっていたことでしょう。

当時の幕府法によって都市中心部に墓域を営むことが禁じられていたため、鎌倉でも周縁部に葬送の

『餓鬼草紙』疾行餓鬼　東京国立博物館所蔵，出典：ColBase（https://colbase.nich.go.jp）

地が求められていきます。鎌倉の町は、三方から囲む低山に向かい、高橋慎一朗さんが柏の葉形に例えるように、周辺部にいくつもの小さな谷＝谷戸（ヤト・ヤツ）が入り込み〔高橋二〇一九〕、その奥にはしばしば周縁の世界が広がっていました。いまでは鎌倉周囲の低山には、目には青葉、耳には山ホトトギスを楽しむハイキングコースが整備されています。そこを歩いたことがある皆さんならば、登り口付近を中心に、崖に洞窟のように人工的な穴をうがったいくつものやぐら群があることに気がついたでしょう。これは鎌倉時代の葬送地の跡でした。これも最近、高橋さんのもとに集まった研究者たちによって『鎌倉の歴史―谷戸めぐりのススメ―』〔高橋二〇一七〕が出版されました。鎌倉中の谷戸を次々に取り上げており、ガイドブックとしてもお薦めです。

日蓮が、すでに外護者《げごしゃ》となっていた有力御家人千葉氏の被官、富木常忍《ときじょうにん》らの援助を得て草庵を構えたのは、都市鎌倉の東南部に位置するこうした谷戸の一つ、名越の松葉《まつば》ケ《が》

名越切通し

日蓮が避難したと伝わるやぐら（逗子市法性寺）

谷《やつ》の一角でした。そこからすぐ先には鎌倉七口の一つ、名越の切通《きりどお》しが続いており、あまり開発されないまま往時の雰囲気をよく残しています。低山を越えていく道の途中には、かつての葬地に供養された夥《おびただ》しい石塔を集めたまんだら堂やぐらもあります。さらに切通しを越えて行くと、人口防御施設とも言われている大切岸《おおきりぎし》を経て、やがて逗子《ずし》の町にいたります。

その出口にもやぐらがあります。文応元年（一二六〇）、幕府や諸宗を強く批判した『立正安国論』上呈がきっかけになったのか、松葉ケ谷草庵に敵対者が来襲します。ここから逃れた日蓮を、天台宗《てんだいしゅう》の守護神・山王神《さんのうしん》のお使いである白猿が手引きして名越の切通しを越えさせ、ここに匿《かくま》ったという伝承があります。現在は法性寺《ほっしょうじ》という日蓮宗寺院の境内に位置するこのやぐらには、五輪塔《ごりんとう》に題目を刻んだ日蓮宗独自の形式の石塔が祀られています。

本間岳人さんの最近の調査により、この石塔は一四世紀代前半に編年できることが分かりました［本間二〇一二］。日蓮伝につながる伝承地の多くが史跡として顕彰されてゆくのが一六世紀以後であるのに対して、ここは比較的早くから日蓮教団の活動地であったことが分かります。このように、谷戸をめぐる空間は日蓮やその弟子たちのような、顕密寺院との公的な関係を断った無名の僧の活動拠点となっていきます。このような僧たちが、顕密の高僧らの仕切る政治都市鎌倉の中心的世界に入りこむ余地はなかったのです。鎌倉において日蓮が身を置いたのは、『吾妻鏡』が無視して記録しなかったこのような空間でした。

日蓮と忍性・専修念仏　ここから先は、日蓮遺文の一つである『頼基陳状《よりもとちんじょう》』によりながら、谷戸の世界

◎宇都宮辻子幕府跡
伝日蓮辻説法跡
◎勝長寿院跡
妙本寺
比企ケ谷
釈迦堂切通
小町大路
120
大町大路
松葉ケ谷
安国論寺
名越
12.9
92
名越切通
法性寺

名越周辺図

を覗いてみたいと思います。しかしその前に、この史料から分かる面白い点をあらかじめ述べておきたいと思います。これは、のちにこの文書から谷戸の世界を覗く際にも役に立つことでしょう。

この陳状が実際に提出されたのは、文書の日付により建治三年（一二七七）六月二五日です。日蓮の主要な俗弟子のひとりであった四条頼基《しじょうよりもと》は、このとき後に説明するある事件の当事者として、主人である名越流北条氏から事情聴取を受けます。そこで提出したのがこの陳状でしたが、伝統的には日蓮による代筆として日蓮遺文に準ずる扱いを受けてきました。その中で頼基は、少し前の出来事である日蓮の佐渡《さど》流罪にいたる一件を述べ立てて、自己の正統性を主張しています。

こうした点から、『頼基陳状』には日蓮の伝記に関する重要な記述が含まれ、また日蓮教学上も問題とされてきた論点を含みます。伝統的な日蓮伝によれば、文永八年（一二七一）に忍性《にんしょう》が祈雨法《きうほう》を修し始めると、日蓮は法験競《ほうげんくら》べを申し入れたといいます。ところが、日蓮に敗北したことを逆恨みした忍性は、日蓮を断罪に追い込もうとしました。けっきょくこの一件が、日蓮の佐渡への流罪につながったというのが、頼基の証言でした。

しかしながら、持戒《じかい》を旨とする忍性らが、日蓮の殺害を企むとは自己矛盾も甚だしいとは、まったく日蓮門下の側の主張です。祈雨のはじめから流罪にいたる経緯も含めて、忍性の積極的な関与などあったのでしょうか。頼基によれば、忍性はつねづね説法の場で「日本国の一切衆生《いっさいしゅじょう》を皆持斎《じさい》になして、八《はっ》斎戒《さいかい》を持せて、国中の殺生《せっしょう》、天下の酒を止めんとする処に、日蓮房か謗法《ほうぼう》に障られて、此の願叶い難き由」を歎いていたと言います。しかし、幕府の手厚い庇護を受けて目覚ましい布教を進めた忍性が、日蓮のような無名の僧をそこまで相手にするだろうか、という疑問が拭い去れません。

ただしそれでも、私が『頼基陳状』を面白いと思うのは、いま述べた直前に見える、次の部分です。

久成如来《くじょうにょらい》の御使、上行菩薩《じょうぎょうぼさつ》の垂迹《すいじゃく》、法華本門《ほんもん》の行者、五五百歳の大導師にて御座候聖人を、頸《くび》をはねらるべき由の申状を書て、殺罪に申し行われ候しが、いかが候けん、死罪を止て佐渡の島まで遠《おん》流《る》せられ候しは、良観《りょうかん》上人の所行に候わずや、

ここで日蓮を『法華経』を説いた釈迦如来の使者であり「上行菩薩」の垂迹、つまり末法《まっぽう》に『法華経』を弘めるリーダーとまで表現しているのは、『頼基陳状』を日蓮の代筆と考える立場からすれば、彼自身の誇大な自負となります。教学的には、この点が一つの問題とされてきました。

しかし今日はここには立ち入らず、もう一つ、日蓮を告発した黒幕が良観上人、つまり忍性その人であるかのように述べている点に注目してみましょう。じつは、遺文を総合すると少々異なる事実関係が透けて見えます。このとき日蓮を告発した先鋒は、浄土宗鎮西派《ちんぜいは》の良忠《りょうちゅう》弟子行敏《ぎょうびん》でした。よく知られているように、日蓮が活動の初期からもっとも強く批判の矛先を向け続けたのが浄土宗（専修念仏《せんじゅねんぶつ》）だったのであり、念仏者側のストレスは相当高まっていたでしょう。さらに、鎌倉における鎮西派の庇護者としては北条（大仏《おさらぎ》）朝直《ともなお》が知られていますし、忍性が拠点とした極楽寺《ごくらくじ》は北条重時の持仏堂が発展したものでした。

北条氏一族は庇護下にある鎮西派の念仏者や忍性に対する日蓮らの批判や行動を、鎌倉における治安維持の観点から取り締まるべき立場にありました。つまり日蓮から見れば、実際にはどうあれ、北条氏

の指導の下に忍性と鎮西派の念仏者が共同して訴訟を企てたものと、別の遺文である「行敏訴状御会《ぎょうびんそじょうごえ》通《つう》」でも分析し、批判しています。

忍性が日蓮の死罪を止めた　ここで、さきに挙げておいた『頼基陳状』の傍線部を慎重に読解する必要があります。ここの直前で頼基は、「頸をはねるべきです」と申状を認めたのはたしかに忍性だと言っています。ところが同時に「どうしたことか、死罪を止めて佐渡への遠流に処せられたのは、忍性の所行ではございませんか」とも述べていることを見逃してはなりません。

日蓮への厳しい処置の背後には、実際には浄土宗鎮西派を中心とする念仏者や、背後にいる北条氏一族の意向が複雑に絡み合っていたでしょう。それを日蓮断罪派の張本人は忍性だ、と単純化して決めつけているのはあくまで日蓮側の主張に過ぎません。そこからいったん自由になってこの部分を理解すれば、死罪に傾いたのを、一等を減じて遠流となったのは忍性の働きかけによるものだ、という背景的な事実を、名越北条氏の被官である四条頼基は知っていたのではないでしょうか。基本的には日蓮側の陣営に立っているはずでありながら、それとは矛盾するかのような頼基の発言に、私はむしろ一定の信頼を置いてもいいのではないかと思います。

一般に極刑を減じて助命を嘆願するのは、中世において聖《ひじり》に課せられた重要な役割でありました。たとえば『平家物語』には、俊乗房重源《ちょうげん》が平宗盛《たいらのむねもり》男宗実《むねざね》他、滅亡後の平家残党の助命を願ったり、供養したりした説話が見えます。史実は別としても、聖にはこのような役割が社会的に期待されていました。少し時代が下り、中世社会に律僧の活動が広がると、彼らもしばしばその役割を果たしました。忍性が内心日蓮をどう思っていたかは分かりません。ただ、日蓮死罪の情報を耳にした彼は、とにかく自分がやるべき仕事を果たした、ということになるでしょう。

当時、鎌倉では上層部に近い位置にいた忍性の耳に、日蓮による批判の声が実際に届いたかさえ怪しいのですが、ことこの事件の発端に関しては、忍性にまったく関わりないわけでもなかったのです。つぎに、この点を説明しながら、いよいよ谷戸の宗教的世界を覗いてみましょう。

谷戸の対決　『頼基陳状』の日付は建治三年（一二七七）六月二五日、このとき日蓮はすでに佐渡への遠流を免ぜられて鎌倉に戻り、まもなく甲斐身延山《かいみのぶさん》に拠点を移していました。しかし、鎌倉にはいまだ弟子たちが残って活動を続けています。四条頼基はその一人であり、富木常忍らとともに初期日蓮教団を中核で支える俗弟子のひとりでした。同じく三位公《さんみこう》は身延山の日蓮のもとから、しばしば他の布教地に派遣され、鎌倉に留まった日朗や日昭《にっしょう》らと連携して教団の活動を支えた僧の一人です。

あるとき三位公は、桑谷《くわがやつ》で説法をしている龍象房の評判を耳にします。龍象房はひごろから、「現当《げんとう》のため、仏法に御不審存ぜん人は来て、問答申すべき旨、説法せしむる」「ここに見聞の満座の御中に、御不審の法門《ほうもん》あらば、仰せらるべし」、つまり「現世（の利益《りやく》）・来世（の往生《おうじょう》）のため、仏法に不審な点がある人は来て、質問してください」「みなさん、説法に不明な点があれば、どうぞご質問ください」と述べていたといいます。そこで頼基と連れ立って聴聞に出かけ、その場で問答に及びます。

桑谷は、長谷《はせ》の大仏《だいぶつ》（高徳院《こうとくいん》）の門前西のあたりの谷戸です。忍性の拠点である極楽寺からもほど近く、勢力範囲内にありました。日蓮門下が敵対した龍象房が実際に忍性と深い関係にあったことは、石井さんが考証しています。陳状には、高徳と仰がれる龍象房も、じつは京都で「人の骨肉を朝夕の食物とする」ことが露見したため、延暦寺《えんりゃくじ》に追放されて鎌倉に落ち延びてきたという、一見信じがたい内容が見えます。龍象房を強く非難する日蓮側の誹謗中傷かと思いたくなりますが、石井さんによれば実際にそのような風聞があったらしいのです。

当時、のちに「立川流《たちかわりゅう》」と総称される真言宗《しんごんしゅう》内の異端的動向がありました。宋《そう》代の中国から断片的に伝わってきた後期密教《みっきょう》の影響も受けて、教理のなかに性的比喩をさかんに取り入れたり、有力者の髑髏《どくろ》を掠《かす》め取って本尊として修法《しゅほう》を行う「大髑髏法」が行われたりしていたといいます［真鍋二〇二一］。じつはそれらの背後にも、逆説的にせよ発展した仏教教理に連なる立場があったことが近年の研究でじょじょに分かってきました。しかし、当時は「邪法」として真言宗内でも強く非難されたのです。おそらく、龍象房もこのような系譜に連なる異端の密教僧ではなかったでしょうか。この龍象房の説法の場で、三位公が質問という形で法論《ほうろん》を挑みます。つい

現在の桑谷

には武士である頼基が狼藉《ろうぜき》を働いたと訴えられたことから、それに対する弁明を記したのがこの『頼基陳状』でした。

「地獄」の風景という言葉を聞いて、あえて言えば私はスラム街のような治安の悪い場所をイメージします。そのような場で、異端的な宗教者によりこの説法は主催されていました。説法者が聴聞者に、なんでも自由に質問してください、という龍象房の態度は、「談義《だんぎ》」という形式を連想させます。しかし、現代のディスカッションに近いような形の談義が一般化するのはもう少しあとの時代のことで、同時代としてはかなりラフな法論の場の雰囲気でした。法門については学僧である三位公を前に立てながら、この谷戸の中に進入していった武士としての頼基の役割は、さしずめ用心棒といったところでしょうか。当然、龍象房の側にも同じようなガードマンがいたとすれば、乱闘騒ぎに発展する可能性もあったのではないでしょうか。

四条頼基への譴責

こうして訴えられた頼基自身、主君に呼びつけられてたしなめられたものの、じつは誰に訴えられたのかもはっきりとは分からなかったようです。まずは主君に讒訴《ざんそ》である、（じかに実否を明らかにするために）訴人と対決させてくれ、としきりに述べています。

ともあれ、陳状から窺われる争点は、以下の四点です。①徒党を組み、兵器を携帯して穏便ならざる行動をとったこと、②諸宗を批判する中、とくに極楽寺長老（忍性）は釈迦の再来と仰ぎ奉るべきところ、誹謗したこと、③龍象房に対しても、忍性と対面の後は（忍性から）釈迦とも阿弥陀とも仰がれているのに誹謗したこと、④なにごとも、主君と親には従うべきこと（主君である北条氏の帰依《きえ》する忍性らを誹謗するべきではないこと)。これらの訴えを聞き入れた名越北条氏側は、頼基に以後このような行動をとらないよう誓約する内容の起請文《きしょうもん》の提出を迫ったようです。当然、頼基は拒否しました。かわりに、『法華経』至上主義に関する日蓮教学の基本事項を長々と説明し、この機会に日蓮の法門を主君にアピールしようとしたのでしょうか。

ここでは教理解釈には深く立ち入らず、陳状の要点に立ち戻って検討してみましょう。さきの四点のなかで、都市鎌倉の仏教を考えようとすれば、やはり①の問題がもっとも重要です。武士であれば武器を携帯して説法の場に押し入り、敵対者を攻撃することは簡単にできたでしょう。しかし鎌倉市中であれば、治安維持の観点からそのようなことが簡単に許されるはずがありません。その点、周縁＝境界的な場の谷戸であれば、そのような規制はときに緩みがちだったのではないでしょうか。

しかし頼基はこれに対して、事実無根と主張します。彼は三位公に誘われ「官仕《かんし》に隙《ひま》なく候」といったんは断りましたが、たんに「後生《ごしょう》の不審」(個人の死後の救済への不安)の問題ではなく、「法門の事」(日蓮の教えにかかわること)だからと言われ、何度か訪れたといいます。それでも自分は「俗家の分にて候、一言出さず候し上は、悪口に及ばざる事、厳察《げんさつ》に足るべく候」と述べて、実際に問答に臨んだのは僧である三位公であったと弁明しました。とはいえ、法論を戦わせる二人の僧の背後でいきり立ち威嚇《いかく》しあう武士たちの間では、小競り合いくらいは起こったかもしれません。つまり頼基を訴えた側も、まったくの虚言を構えたというわけではなかったのです。

先に述べたように、鎌倉における日蓮の最初の拠点は松葉ケ谷でした。隣接する比企谷《ひきがやつ》にも、日朗が早くから拠点を築いています（妙本寺《みょうほんじ》）。いずれにしても、どちらかというと鎌倉の東側の谷戸に勢力を伸ばしつつあった日蓮教団が、わざわざ反対側の西の谷戸に乗り込んでいったわけです。すでに日蓮の佐渡流罪を乗り越え、初期教団の基礎を確立しつつあった建治年間の日蓮門下が、なお護衛者を連れてまで、治安が悪くしかもアウェイのエリアに乗り込んだという行為を、私は彼らの宗教的情熱、とややきれいに表現してもいいのではないか、と思います。もちろん同様の情熱は、これを迎えた龍象房の側にもあったはずです。

いずれにしても、『頼基陳状』において武士としての頼基がことさらに無実を強調し、またそのことによってもっとも強く叱責されたのは、治安維持の観点から武器を帯びて実力行使に及んだかどうかという点で、②以下の悪口などはそれに付随したものでしょう。

2　中世社会の枠組みから鎌倉の仏教を考える

宗教法制の整備　ここからは、いったん谷戸の世界を出て視点をぐっと広げ、日蓮や専修念仏者、さらには叡尊《えいぞん》・忍性ら政治権力と親和的な宗教勢力の外周を、どのような枠組みが取り巻いていたのかを検討してみましょう。

中世法の基調を遡ると、平安時代中期以降の「公家新制《くげしんせい》」にたどり着きます［佐々木二〇〇八］。新制とは、ときの政権による政治方針の大綱を示したものでした。その系譜をひきながら保元の乱後に発布された「保元新制」（一一五六・五七年）は、中世的新制の嚆矢《こうし》に位置づけられます。そこで宗教統制に関する条項を探ると、「まさに同じく国司《こくし》をして諸社神人の濫行《らんぎょう》を停止《ちょうじ》せしむべき事」「まさに同じく国司をして諸寺諸山の悪僧濫行を停止せしむべき事」（保元二年令一三・一四条）と定められています。これは、同時代における都や諸国の神社仏寺による嗷訴《ごうそ》の乱発を背景としたものでしょう。地方の神社や仏寺に仕える神人《じにん》・悪僧《あくそう》の濫行停止は、以後も中世国家の基調に位置づけられていきます。政治都市であった京都や鎌倉においては、宗教勢力の濫行停止による治安維持は、とくに都市行政の要となっていったことでしょう。

しかしながら、このような〈統制〉が宗教政策の一面であるとすれば、それはたいてい〈保護〉と表裏一体の形で進みます。そのように考えると、武家の成立とともに定められた『御成敗式目《ごせいばいしきもく》』の冒頭に、「神社を修理し、祭祀を専らにすべき事」「寺塔を修造し、仏事等を勤行《ごんぎょう》すべき事」（一・二条）とまず神社仏寺の保護が規定されていることがよく理解できるでしょう。幕府草創以来、まずは公家政権とともに寺社の既得権益の保護は武家側の一貫した政策であるということから、この条文が冒頭に置かれたのでしょうが、平安後期の公家新制からの流れを踏まえれば、さらに大局的な宗教政策が見えてきます。

武家政権の発展とともに、やがて幕府も朝廷に倣って関東新制を発布します。その大規模なものが、「弘長元年武家新制」（一二六一年）でした。そのうち、宗教政策に関する条目は以下の通りです。まず保護の側面からは、

諸社神事等を如法《にょほう》に勤行すべき事

　有封《うふ》の社司をして本社を修造せしむべき事

　諸堂年中仏事等を如法に勤行せしむべき事

が注目されます。いっぽう、統制の面からは、

　僧坊の酒宴幷に魚鳥会を禁断すべき事

　念仏者の事

　僧徒の裹頭《かとう》して、鎌倉中を横行の事

などが挙げられます。

　朝廷も幕府も、寺社やそこで活動する神人・僧侶を保護して仏神事興行を奨励する一方、彼らが集団化して濫行に及ぶことは厳しく取り締まったのでした。その一つに「念仏者事」と見えるのは、おもに黒衣を着した専修念仏者の活動を取り締まることを意味します。前後の条文を踏まえて考えれば、専修念仏の思想そのものを取り締まるというよりは、むしろ彼らの集団化と秩序紊乱《ちつじょぶんらん》こそが、対象となっていたのです。都市的な場ならではの諸問題であり、京・鎌倉では周縁で活動するような統制困難な新興の宗教者がとくに取り締まりの焦点となっていたことでしょう。

　この弘長の関東新制が発布されたとき、京都では引き続き後嵯峨院《ごさがいん》政下で、亀山《かめやま》天皇即位後の代初めに当たります。鎌倉では北条長時《ながとき》に執権を譲って出家したものの、時頼はなお実権を握っていました。日蓮が鎌倉に出てきてから五年ほどが経っていましたが、彼が『立正安国論』を上呈したのは、まさに弘長新制発布の前年だったのです。

都市行政と専修念仏者追放　以上を踏まえたうえで、ここからはふたたび『吾妻鏡』も交え、その行間からちらちらと鎌倉の仏教のリアルな姿を見ていきましょう。

そこで次に注目したいのが、日蓮遺文の一つである『念仏者令追放宣旨《ねんぶつしゃついほうせしむるせんじ》御教書集列《みぎょうしょしゅうれつ》五篇勘文状《かんもんじょう》』（以下、『念仏者追放宣状事』）です。正元元年（一二五九）の成立と考えられており、専修念仏禁断に関して朝廷や幕府から発給された文書を書写収録したものです。文書集としては面白いのですが、教理的内容に乏しく、日蓮教学研究の立場からはあまり取り上げられることがありませんでした。しかし、平雅行さんは専修念仏弾圧の側面から活用し［平一九九二］、最近では山上弘道さんら教理研究者にも注目されるようになってきました［山上二〇〇九］。日蓮が単に専修念仏者を排斥するだけではなく、その動向を歴史的にも社会的にも徹底的に調査し、情報を収集していたことが分かるという意味でも、興味深い史料です［菊地二〇一八］。

法然　二尊院所蔵

法然房源空《げんくう》が専修念仏に回心《えしん》したのは、はやく承安五年（一一七五）と言いますが、主著『選択本願念仏《せんちゃくほんがんねんぶつ》集《しゅう》』を著した建久九年（一一九八）ごろに、拠点である京都東山吉水の教団は急激に膨張していきました。『吾妻鏡』にはその二年後、正治二年（一二〇〇）に早くも鎌倉において念仏僧を禁断した記事が見えます。

羽林《うりん》、念仏名僧等を禁断せしめ給う。是れ、黒衣を悪《にく》ましめ給うの故と云々。仍《よっ》て今日、件《くだん》の僧等十四人を召し聚《あつ》むるに、恩喚《おんかん》に応ずと云々。然《しか》る間、比企弥四郎仰《おお》せを奉り、これを相具して政所《まんどころ》の橋の辺に行き向い、袈裟《けさ》を剝《は》ぎ取りこれを焼かる。見る者は堵《と》の如く、皆弾指《だんし》せざるはなし。僧の中に、伊勢の称念者《しょうねんしゃ》有り。御使の前に進みて、申して云く、俗の束帯《そくたい》、僧の黒衣、各同色として用い来る所なり。何ぞこれを禁ぜしめ給うべきか。凡《およ》そ当時御釐務《りむ》[1]の体を案ずるに、仏法世法共に以て滅亡の期と謂《い》うべし。称念の衣に於ては、更に焼くべからずと云々。しかるに彼の分の衣に至りては、その火自ら消えて焼けず。則ちこれを取りて元の如く着し、逐電《ちくてん》すと云々。（正治二年五月一二日条）

1　事務をおさめること。

この日、「羽林」（左中将）こと鎌倉幕府二代将軍 源 頼家《みなもとのよりいえ》は、念仏の名僧に禁圧を加えます。これは黒衣を憎む余りの所行であったと言います。この当時、寺院社会を離れて隠遁《いんとん》する遁世僧《とんせいそう》は、黒衣を著することが一般的となっていました。新興の専修念仏者も基本的には黒衣の僧からなる集団です。しかし、ここには浄土宗とか専修念仏、あるいは法然などの名が見えないことには注意が必要です。

黒衣が負うイメージ　頼家は乳母の一族であり、乳兄弟の比企弥四郎時員《ときかず》に命じて、黒衣僧一四人を幕府政所《まんどころ》周辺に連行し、袈裟を剝ぎ取って焼却してしまいます。垣根の如く群がった人々がこのあり様を指弾する中、黒衣僧の中にいた伊勢の念仏者が進み出て意見を申し述べました。俗人の束帯も我が衣と同じ黒である。どうして黒衣を憎み禁断するのか。頼家政務の体を案ずるに、王法仏法ともに破滅の時が来たようである。念仏者の黒衣をまったく焼くべきではない。すると、この念仏者の黒衣のみ自然に火が消えて焼けなかった。彼はこれを取ると元のごとくに着て、姿を消したと言います。

ここで『吾妻鏡』は、明らかに比企氏とともに頼家を暴君として描いています。前年に弱冠一八歳で頼朝から鎌倉殿の地位を継いだ頼家は、一三人の御家人からなる合議制の下で親裁《しんさい》を停止されます。これに不満を抱いた頼家は、比企氏ら側近を通じてしばしば独断的な行動をしていました。やがて建仁三年（一二〇三）、北条時政らにより伊豆修禅寺《しゅぜんじ》に幽閉され、暗殺されました。北条氏の周辺で編纂された『吾妻鏡』が、時政らによる主君頼家の暗殺を正当化するため、ことさらに暴君としての側面を描き立てることは言うまでもありません。もちろん、実際に頼家にはそのような面もあったと思いますが、少なくともこの記事は、このような『吾妻鏡』の政治的立場から読み解くべきでしょう。

というのも、この記事の後半はいかにも説話じみており、史実とは考えられません。束帯に絡めて黒衣の正統性を整然と説き、しかもその黒衣は火に焼けずにこれをまとって忽然《こつぜん》と姿を消す……。このいかにも不思議な雰囲気の念仏者が、なぜ伊勢の出身なのか。

この時期、はたして鎌倉に黒衣僧の活動がそれほど顕著となりつつあったでしょうか。まだ早いのではないか、と私は思います。関東に専修念仏の活動が急激に広まり警戒されるのは法然没後のことと考えられ、鎌倉市中に勢力を持つ黒衣僧の集団を形成するほどではなかったと思います。先に弘長新制に

延暦寺大衆　『法然上人行状絵図』巻31より，知恩院所蔵

ついて触れたように、こののち幕府も黒衣僧たる念仏者の活動に制限を加えていきます。しかし、主たるターゲットは権力側から正法を破滅させる偏執《へんしゅう》のレッテルを貼られた専修念仏集団でした。専修念仏の信仰があったとしても、個人の内面で静かに修行する者は道心者《どうしんじゃ》として除外されています。このように『吾妻鏡』は、のちに問題となる黒衣僧をモチーフとしつつ、本来の幕府法の趣旨を踏まえずに道心者の黒衣僧までを一網打尽に取り締まる頼家を、王法の主催者であり仏法の守護者たるべき鎌倉殿にふさわしくない暴君として描いたわけです。

　逆にその分、当の念仏者の振る舞いについてはむしろ好意的でさえあります。一三世紀も後半に差し掛かるころには、すでに専修念仏思想を危険視する雰囲気は薄れ、公家も武家も積極的に保護を加えるようになります。そうした点からも、上記の説話の形成時期が推し量られるでしょう。

専修念仏と初期の法難　一方京都では、頼家失脚の翌元久元年（一二〇四）ごろから延暦寺・興福寺による専修念仏教団への圧迫が盛んとなります。建永元年（一二〇六）には法然の一部の門弟が流罪となり、翌二年には法然および広範囲の門弟への流罪・死罪が断行されます。いわゆる建永の法難事件です。法然は同年中に赦免《しゃめん》されますが、建暦元年（一二一一）に帰洛し、翌年没しました。この後も、京都においては断続的に専修念仏に対して朝廷の禁断が続きますが、これについてはすでに平雅行さんが、『念仏者追放宣状事』を活用して整理しています。平さんは建永の法難が原型となり、以後鎌倉時代を通じて一貫した方針のもと、専修念仏への思想弾圧が継続したと明快に結論づけています〔平一九九二〕。

しかし私は、再度各段階の法難事件をもう一度整理してみました。その結果、「建永の法難」はたしかに平さんの解釈のように、少なくとも最終段階においては思想弾圧事件と理解することが可能だと思います。しかし、後鳥羽《ごとば》院政下の専修念仏教団への踏み込んだ弾圧への反省から先例とはならず、以後の禁断政策とは根本的に性格を異にすると考えています。そこで、ここでは鎌倉にも影響を与え、法然没後の最初の大規模な禁断事件として知られる嘉禄三年（一二二七）の嘉禄の法難事件を取り上げてみましょう。

嘉禄の法難についても、『念仏者追放宣状事』は多くの重要な史料を収めています。それにしても日蓮は、どのようにしてこの文書群を写すことができたのでしょうか。ここに収められた宣旨・院宣《いんぜん》・御教書などは、現代のような公文書保管機関も情報公開制度もなかった中世社会において、事件のごく中枢に近い関係者以外、閲覧することすら不可能でした。おそらくこの事件において、専修念仏教団と敵対して、実力行使を伴う禁断活動の先頭に立っていた延暦寺政所などと、日蓮はかつての修学時代以来の何らかのパイプを持っていたのでしょう。

教理的にはじょじょに天台宗から遠ざかっていったとは言え、組織や人的ネットワークの面では、日蓮は延暦寺とも故郷の清澄寺《せいちょうじ》とも、かなり後までつながっていたと思われます。私は延暦寺が、何らかの形で鎌倉における日蓮の活動を後押ししていた可能性も捨てきれないとさえ考えています。なぜなら、比叡山膝下《しっか》の京都において山門《さんもん》が都市の治安と行政に大きな影響力を持っていたのと違って、鎌倉においての足掛かりは必ずしも盤石ではありませんでした。それが、後に見るように鎌倉に専修念仏の活動が急激に活発となった一因であると考えます。そのような宗教的状況の中で、少なくとも専修念仏に対しては、日蓮はかなりの程度延暦寺と共通した目線から臨んでいたと思います。

延暦寺の目線　延暦寺の目線とは、もとよりあらゆる意味における専修念仏の全面的な禁断です。これはもちろん、建永の法難以来、嘉禄の法難以後も一貫していることは明らかです。宗教勢力としての延暦寺はひたすらその線から、ほとんど強訴《ごうそ》に近い形で朝廷に迫ります。しかし朝廷や幕府は、必ずしもそれに同調しません。たとえば建保五年（一二一七）には、二条《にじょう》天皇皇女と称する女性の邸宅を道場として専修念仏を興行していた空阿弥陀仏《くうあみだぶつ》の活動に対して、延暦寺は朝廷に禁断を求めます。しかし、かつて建永の法難事件においてあれほど大規模な禁断に踏み切った後鳥羽院は、このたびはなかなか行動を起こさず、この段階ではついに禁圧は実現しませんでした。

法然がぎりぎりまで単純化した専修念仏の教理も、弟子の間にはさまざまな解釈を生みます。後に見るように、法然没後の同時代において、かつての専修念仏教団は少なくとも五派に分裂していました。

空阿弥陀仏はその一つ、多念義《たねんぎ》であったと言います。これは、ひとたび専修念仏の信心を獲得した後も臨終までひたすら念じ続けることを旨としますので、結果として念仏の回数は多くなります。しかし、私は多念義には別の意味もあったと考えました。空阿弥陀仏は人々を道場に集め、複数の専修僧のリードによって念仏を一斉に唱えさせ、音楽的感性に訴えるような念仏興行を行っています。こうして多くの人々の唱える経典の読誦や念仏を合計して千部読経や百万遍念仏を達成するような法会《ほうえ》は、院政期以降流行した数量的信仰の具体例としてよく知られています。これもまた、多念義の一つの実態でした。

いっぽう、都市の治安維持という観点からは、一ヵ所に大勢が集合して宗教活動を行えば、当然警戒の対象となります。延暦寺はこの点に付け込んで朝廷に働きかけ、禁断を引き出そうとしたのではないでしょうか。このとき延暦寺は同時に、一念義《いちねんぎ》の幸西《こうさい》を糾弾しています。こちらは、ひとたびの念仏により信心が決定するという、多念義とは対照的な考え方です。ともすると、そこから今度は諸行否定《しょぎょう》、神祇不拝《じんぎふはい》、肉食妻帯などが生まれてくる余地がありました。宗教的には破戒《はかい》行為、世俗的には風紀を乱すことになり、これもまた都市の治安に悪影響を与えます。建永の法難に際しての広範な思想弾圧への反省から、これ以後朝廷は、都市における集団化や風紀を乱すような外面的行為に限って専修念仏を取り締まるようになったと私は考えています。つまり、この規定から外れる多くの黒衣僧や念仏者は、たとえ内心に専修念仏思想を懐《いだ》いていても、もはや取り締まりの対象にはならなかったのです。

嘉禄の法難と鎌倉　こうした視点から、この講義では鎌倉の側から嘉禄の法難事件を見直してみましょう。元仁二年（嘉禄元年〈一二二五〉）、定照《じょうしょう》が延暦寺の立場から『選択集』を糾弾した『弾選択《だんせんじゃく》』（日蓮は延暦寺探題仏頂房隆真《りゅうしん》作とする〈『念仏無間地獄抄《ねんぶつむげんじごくしょう》』他〉）を京中に披露します。これに対して、法然門下の隆寛《りゅうかん》は『選択集』を顕彰する『顕選択《けんせんじゃく》』を著し対抗しました。嘉禄三年になると、岡本迎蓮という人物が『顕選択』を広く東国に紹介します。この人物は隆寛の弟子で（「蓮門宗派図」）、武士でもありました（『大日本史料』五―九、天福元年雑載）。すると、延暦寺を核とする体制側が、専修念仏に批判的な雰囲気を形成していた京都とは対照的に、そのような圧力から自由な東国では「無智の道俗は皆この書に依りて、弾ずるは誤りと謂《い》う」というように、むしろ好意的な雰囲気で受け入れられる状況になっていきます。

そこで延暦寺大衆は両書を詮議《せんぎ》のうえ、禁断の旨を奏聞《そうもん》しました（『金綱集《きんこうしゅう》』「浄土宗見聞下」）。これを受けて発給されたのが、次に掲げる（嘉禄三年）六月二九日「後堀河《ごほりかわ》天皇綸旨」（『鎌倉遺文』三六二六）です。

専修念仏の事、停廃《ちょうはい》の宣下重畳《せんげちょうじょう》の上、偸《ひそか》に尚《なお》興行するの条、更に公家の知食《しろしめ》す所に非ず。偏《ひとえ》に有司の怠慢なり。早く先符《せんぷ》に任せて、禁遏《きんあつ》せらるべし。その上、衆徒の蜂起に於ては、宜く制止を加えしめ給うべしてえれば、天気に依て言上件の如し。信盛頓首恐惶謹言。

六月廿九日　　左衛門権佐信盛奉

進上　天台座主大僧正御房政所

ここでは、朝廷はまずは延暦寺の訴訟を聞き入れて、天皇もご存じないうちにかつての停廃の宣下を無視して専修念仏興行を許しているのは当局の怠慢であり、以前の決定（建永以来の禁断を指す）に沿って制止すべきであるとの決定を延暦寺に伝えています。しかし注意していただきたいのは、この綸旨が同時に「衆徒の蜂起においては、よろしく制止を加えしめ給うべし」と述べていることです。つまり朝廷は、延暦寺側の濫行や実力行使も同様に制止しているのです。ここにこの綸旨の本質があります。つまり、朝廷はここで必ずしも思想弾圧を目指しているのではなく、洛中において専修念仏の全面的禁断を名目に延暦寺の武力が暴発し、私的制裁などにより都市の治安が乱れることを何よりも恐れていたのです。最初の方で触れた、公家新制を思い出していただけたでしょうか。

数日後には、同じ趣旨の綸旨が重ねて発給されています。ここではむしろ、衆徒が末寺内に使者を派遣して住坊を破却している実態を喧嘩《けんか》出来の原因として非難し、対象者の身柄拘束に限定するよう命じてさえいます。この対象者とは、隆寛・幸西・空阿弥陀仏とその与党でした。隆寛と空阿弥陀仏は、教理的立場はやや違いますが多念義、幸西は一念義です。彼らは帝土《ていど》を追却して遠流に処せられました。彼らの行為は具体的には、専修にこだわり諸教を破棄したこと、無慚《むざん》不法の僧俗を集めて女色《にょしょく》に耽《ふけ》ったこと、つまり破戒と集団化に集約されています。

都市に限定された禁断　彼らがそこから追却された帝土とは、観念的には天皇の支配する列島全土を指します。このあと、五畿七道《ごきしちどう》に対する専修念仏停止の宣旨も発給されました。しかし実際には、洛中からの追放を目指していたに過ぎないと思われます。というのは、九月になると延暦寺の意を受けた関白近衛家実《このえいえざね》から、六波羅探題《ろくはらたんだい》を通じて幕府に申し入れが行われます（『鎌倉遺文』三六六五）。

隆寛律師、専修の張本《ちょうほん》たるに依り、山門訴え申すの間、陸奥《むつ》に配流せられ畢《おわん》ぬ。しかるに衆徒、尚申す旨有り。仍て配所を改め、対馬島《つしま》に追い遣るべきなり。当時、東国の辺に経廻《けいかい》すと云々。不日《ふじつ》彼の島に追い遣らるるべきの由、関東に申さるるべく候てえれば、殿下の御気色に依り、執達件の如し。

嘉禄三年九月二十六日　　参議在判

修理権亮《しゅりごんのすけ》殿

延暦寺の告発を受けて、陸奥に配流されたはずの隆寛が東国を経廻しているので、取り締まったうえ、あらためて対馬に追いやってほしい、ということでした。朝廷もこの内容を追認する綸旨を発給しています。

すでにみたように、鎌倉を中心とする東国には隆寛の『顕選択』が流布し、京都とは打って変わって支持者が多かったのです。通常、このような朝幕間の交渉は関東申次西園寺氏《かんとうもうしつぎさいおんじ》が務めることになっていました。しかしここでは、その頭越しに関白近衛家実みずから交渉に乗り出しています。朝廷は洛外追放をもって事態の終結を図ったものの、延暦寺は納得せず、とくに家実に介入を依頼したのでしょう。専修念仏禁断に対し、朝廷の中でも近衛家がとくに厳しい態度で接していたことがうかがわれます。続いてこの後、家実はさらに執権北条泰時充に、守護地頭による諸国の専修念仏停止まで申し入れています。さすがにこれは実現しなかったようで、幕府からは朝廷の依頼に従い、隆寛を摘発して対馬へ配流する旨が伝えられました。ほかにも家実は、讃岐大手島《おおてしま》に経廻している幸西の捜索も幕府に依頼したようです。

3　鎌倉の専修念仏と日蓮

専修念仏者の集団化　『念仏者追放宣状事』には、仁治元年（一二四〇）までの文書が収められています。その周辺を見渡してみると、いままで見てきた嘉禄の法難の段階では朝廷からの要請を受け、どちらかというと念仏者禁断には受け身で臨んでいたかに見える幕府の側が、じょじょに能動的な対処に変化してく様子が見出せます。

鎌倉幕府追加法を見てゆくと、このような幕府の政策の画期となる年が、文暦二年（一二三五）にあったことが明らかになります。

まずこの年一月二七日には、延暦寺の山僧の「武勇」つまり武器を携帯しての暴力的な実力行使を禁じる追加法が出されます（「関東御教書」『侍所沙汰篇』）。興味深いのは、洛中に限らず「辺土《へんど》」においても彼らの拠点を早期に摘発してその地の領主に交名《きょうみょう》を知らせるように命じていることです。そのうえ、該当者の身柄を幕府に引き渡して取り締まりを行う、としてもいます。つまり、これまでのように洛中の検非違使《けびいし》や荘園領主などに検断《けんだん》を委ねるのではなく、悪僧の取り締まりに幕府自身が積極的に介入する方針を明確に示したのでした。

続いて七月に入ると、次のような追加法が発布されます。

一　念仏者の事

道心堅固《どうしんけんご》の輩《ともがら》に於ては、異儀に及ばず。しかるに或いは魚鳥を喰らい、女人を招き寄せ、或いは党類を結び、恣《ほしいまま》に酒宴を好むの由、遍《あまね》くその聞え有り。件の家に於ては、保々《ほほ》の奉行人に仰せて、これを破却せしむべし。その身に至りては、鎌倉中を追却せらるべきなり。

まず冒頭に、「道心堅固」の修行者に関する除外規定があります。ここには法制史料だけあって、取り締まりの対象となる外面的な行為が具体的に明示されています。それは、肉食・女犯《にょぼん》・飲酒でした。しかも問題の一つに「党類を結ぶ」という行為が含められていることから、とくに集団で行う破戒行為に厳しい目が向けられていたことが分かるでしょう。これは、彼らの「家」すなわちこれらの破戒行為の拠点の破却を命じていることからも明らかです。もし個人の破戒行為を取り締まるのであれば、家の破却までは必要ありません。こうして都市の治安が維持されれば、彼らを拘禁して処罰するような必要もないので、「鎌倉中を追却」つまり市外に追放すれば十分だったのです。

辺土の「自由」　種々の史料には、しばしば「帝土」とか「辺土」にまで専修念仏禁断が広範に及ぶべきことが記してあります。しかし、これは実際にはレトリックに過ぎませんでした。この約半世紀後、弘安五年（一二八二）に一遍は鎌倉市中での念仏興行を禁止され、しかし境外の片瀬《かたせ》では成功を収めます。『一遍聖絵』を飾る、もっとも有名な一コマですね。このときの幕府の処置の基調も、文暦二年ごろに確立した政策を継承したものと理解していいでしょう。

もし専修念仏を思想的に弾圧したいのであれば、鎌倉膝下の片瀬の興行を蹴散らすことなど、幕府にとって簡単なことでした。平さんは建永の法難事件を基調として、鎌倉時代を通じた専修念仏禁断政策を思想弾圧の側面から一貫したものと評価します。しかし、いったん法然から目を離して、嘉禄、文暦といくつもの段階や政策の変化を丁寧に見てゆくことから、その後の専修念仏者たちの活動を評価してゆけば、逆に出発点としての建永法難事件の歴史的評価も見直すことになるのではないでしょうか。

片瀬での踊念仏　『一遍聖絵』巻6より，清浄光寺所蔵

もちろん、こうした禁断が繰り返されても、なぜ念仏者の一部は執拗に集団化し、幕府から破戒行為と認定されるような所業を続けたのか、という問題も考えてみなければなりません。それは、やはりこのような実践が社会的には「濫行」とみなされても、彼らの思想と強く結びついた譲れない一線であったからではないでしょうか。肉食や飲酒という放逸《ほういつ》の行いも、究極的な往生業にさわりとはならない、というのは阿弥陀仏による絶対救済を信じるうえでのチャレンジとも考えられました。女性を救済対象に含めること、また女性と性的関係を持つことも、救済の本質を考えるうえで意味を持ちます。この点においては、たしかに専修念仏のなかでももっとも極端な立場にあった

一念義と多念義にとっては、思想弾圧の面もあったとは言えるでしょう。しかし、そのようなチャレンジは法然を継承する各門下の中ではむしろ例外的であり、したがって専修念仏に対する包括的な思想弾圧とはなり得ません。この点もまた、より丁寧な再検討が必要でしょう。

都市鎌倉の自覚　このような幕府側の専修念仏者に対する宗教政策の基本を見定めたうえで、『吾妻鏡』の次の記事を見てみましょう。

念仏者と称し、黒衣を著するの輩、近年都鄙《とひ》に充満し、所部〔所カ〕に横行す。宣旨度々《たびたび》に及ぶと雖も、いまだ対治《たいじ》せられず。重て宣下せらるべきの由、京都に申さるべしと云々。（文暦二年七月二四日条）

これは、鎌倉幕府の追加法を『吾妻鏡』が拾い上げて収めたものです。一見、この日に幕府で行われたこの件についての議論を『吾妻鏡』が記録し、その結果追加法が発布されたかのように思うかもしれません。しかし、もちろん事実は逆で、鎌倉後期になってから『吾妻鏡』の編纂者がこの追加法を見出し、そこから地の文としてこの記事を立てたのでした。

追加法も内容的にはほぼ同文ですが、細部に異同もありますので参考に掲げておきましょう（「関東御教書」『新編追加』）。

一　念仏者と称して黒衣を着するの輩、近年都鄙に充満し、諸所に横行して、動《やや》もすれば不当の濫行を現わすと云々。尤も停廃せらるべく候。関東に於ては、仰せ付けらるるに随いて、沙汰を致すべく候。この事、宣旨度々に及ぶと雖も、いまだ対治せられず。重て遍く宣下せらるべきの由、二条中納言[2]家に申し入れらるべきの状、仰せに依て執達件の如し。

文暦二年七月二十四日

武蔵守　判

相模守

駿河守殿

掃部助《かもんのすけ》殿

2　前権中納言藤原定高《ふじわらのさだたか》。

ここで注目したいのは、とくに『吾妻鏡』には見えない傍線部の一文です。黒衣の念仏者は、すでにこの時期「都鄙」、つまり京都だけではなく鎌倉にまで「充満」し、その「濫行」が問題化していました。これは取り締まるべきである。そこで「関東」（幕府）としては、京都からの仰せに従って対策を講じたい、と述べています。この件についてはすでに宣旨が何度も発給されているが、いまだ対治に及んでいない。そこで重ねて宣下をいただきたい、という申し入れです。

すでにみてきたように、嘉禄の法難事件のときには関東で専修念仏はむしろ歓迎されており、禁断は受動的なものでした。ところがわずか十余年後の文暦二年には、幕府の方から念仏者を告発し、積極的に朝廷に禁断の宣下を働きかけているように見えます。

思えば畿内では、興福寺など並みいる権門《けんもん》寺院の圧迫が強烈なうえに、洛中は比叡山膝下にありました。延暦寺は京の都市行政にも深く介入し、ときには検非違使など朝廷の検断組織と協力し、またときにはそれらを出し抜いてまで活動しました。とくに専修念仏禁断に関しては、延暦寺は徹底的に専修念仏教団の根絶に向かいました。

こうした京都での圧力から逃れてきた専修念仏者にとって、新興都市鎌倉は布教の可能性を秘めた新天地とみなされたことでしょう。そこで一三世紀第2四半期のわずかな時期に、関東には多くの専修念仏者が結集、文字通り鎌倉市内を「横行」し、幕府から見れば「濫行」と見られるような集団化や破戒行為が急激に顕著となってきたのでしょう。ここにいたってようやく幕府にとっても、急激に発展しつつある都市の治安維持の観点から、専修念仏禁断を講じる積極的な理由が生まれたのでした。

初発期の鎌倉における専修念仏禁断が、京都からの宣下を基本としていたことから、以後も鎌倉では京都と連動した禁断政策を志向しているようです。専修念仏の主な拠点もいまだ京都にありました。その意味では、もちろん京都の方にも都市の治安維持の観点から専修念仏禁断は継続的に必要でした。このような朝幕間の協調は鎌倉中期、とくに続く後嵯峨院政下の政策的基調になってゆきます。そうした双方の思惑が一致しつつも、この時期以降、鎌倉側の主体性もはっきりしてきます。

幕府と権門寺社　『吾妻鏡』はここから、さらに俯瞰的に面白い見方を示してくれます。さきほどの追加法に続く記事を見ていきましょう。

> また石清水《いわしみず》神輿《しんよ》の事、その沙汰有り。これ、八幡宮寺と興福寺確執の事、御使を遣わすべきの由、

去る五月両方に仰せらるるの処、その左右を待ち奉らず、同六月四日、南都《なんと》衆徒　薪　庄《たきぎのしょう》に押し寄せ、在家《ざいけ》六十余宇を焼き払い訖ぬ。宮寺勅裁《ちょくさい》を仰ぐべきの処、同十九日、俄《にわ》かに神輿を宿院に渡し奉るの間、子細を尋問せられんがため、季継宿禰《すえつぐすくね》を遣わさると雖も、問答に及ばず。剰さえ神人等、史生為末《ししょうためすえ》を凌礫《りょうれき》せしめ訖ぬ。然《しか》る後に解状《げじょう》を捧げ、条々勅許に預かると云々。

ここに見えるとおり、事件は石清水八幡宮と興福寺という二大権門が、近江国薪荘をめぐって起こした抗争事件の顛末を述べたものです。去る五月に両方の言い分を聴取するため使者を朝廷から派遣することになったものの、これを待たずに六月四日、興福寺衆徒は薪荘に発向《はっこう》して在家六〇宇余りを焼き払うという実力行使に出ます。石清水側もまずは朝廷の裁断を待つべきところ、同一九日に神輿を本殿の鎮座する男山《おとこやま》山上から山下の宿院に移動させ、嗷訴の構えを見せます。こちらにも神輿《しんよ》動座《どうざ》の意図を朝廷から尋問にきた、実務級の使者季継との問答は拒否し、同じく為末にはつぶてを浴びせるなどの暴力を振るって追い払いました。その後、八幡宮側の申し分を記した「解状」を朝廷に提出し、その条項のとおりに勅許を獲得します。この事件は、かつて黒田俊雄さんが権門体制論を提起する際にもモデルケースとして取り上げ、中世史研究者の間では著名な一件です。

しかし、この講義では『吾妻鏡』が、先に見た専修念仏禁断の追加法と同日にこの記事をかけたことにこそ、注目したいと思います。その意義は、さらに続きを見ることで分かってきます。

仍ち宮寺の嗷訴、かたがた然るべからざるの由、今日沙汰有りて、別当成清法印に仰せ遣わさる。併《しかしなが》ら、因幡国を寄進《きしん》せらるるに依り、神輿入洛を留め奉り畢ぬ。無道の濫訴《らんそ》に就きて、非分《ひぶん》の朝恩《ちょうおん》に浴さば、諸山諸寺の濫行、断絶すべからざるに依り、世のため人のため、始終不快の事、関東より争《いかで》か計い申せられざるか。自今以後、若し輒《たやす》く神輿を動かし奉らば、別当職を改補せらるべきの由、奏問〔聞〕せらるべし。余所の衆徒に於ては、貫首《かんじゅ》の命ずる所に背き、動《やや》もすれば蜂起《ほうき》の事出来するか。当宮神人に至りては、別当の免許に非ずんば、何ぞ無道の濫行を致すか。兼て以て存知すべきの由と云々。（文暦二年七月二四日条）

先に説明したように、朝廷はけっきょく石清水八幡宮の言い分を認めてしまったが、幕府としては「然るべからず」つまり不適切な行動であった、という判断となり、八幡宮別当成清にその旨を伝達しました。朝廷の判断とは、因幡国の国務を八幡宮に寄進したことを指します。これと引き換えに、八幡宮側は神輿入洛を中止しました。嗷訴の構えを見せることで朝廷を恫喝し、いわば八幡宮はこの特権を揺すり取ったようなものだ、と幕府は言いたいのでしょう。

このような不当な訴訟に対して朝廷がやすやすと代償を与えていたのでは、諸寺の「濫行」はいっこうに跡を絶たないことになる、世のため人のためにならないことであり、幕府からぜひ介入すべきである、というのが幕府の結論です。八幡宮に対しては、今後はたやすく神輿を動かせば、（幕府の圧力により）別当職を改補するよう朝廷に働きかけると成清に厳しく伝えました。また他寺の衆徒は貫主（一寺の最高責任者）の命に背いて蜂起することもあるが、石清水八幡宮については別当の許しなくして不当な訴訟を起こすことはないだろう、そのことをあらかじめ知っておくべきである、と強くけん制しています。今後は、幕府として理非判断を行い断固とした行動に出ることを宣言したのです。

軌を一にする宗教政策　以上の見解を幕府から石清水八幡宮に伝えたのは、念仏者禁断に関する追加法を発布したのと同日でした。片方は体制から見れば取るに足りない微小な勢力と見られたとも評価される専修念仏者、もう一方は権門寺院たる石清水八幡宮です。しかし、勢力としての規模はともあれ、どちらも結果としては社会や体制に悪影響を及ぼす「濫行」の主体でした。

　ここで直接問題になっているのは石清水八幡宮ですが、かつて建永の法難事件では専修念仏弾圧にまわった興福寺も、この事件で薪荘の在家焼亡という「濫行」を行ったのであり、かつ『吾妻鏡』が諸山諸寺という中には、同じく京都においては専修念仏禁断にもっとも積極的だった権門寺院、比叡山延暦寺も含まれることでしょう。政治勢力から見た宗教勢力という意味で、専修念仏集団と権門寺社はあくまで同一の範疇に属します。その意味で彼らが政権から見て「濫行」とみなされるような行為を働けば、思想的・イデオロギー的にどのような立場を主張しようとも、それとは関係なく朝廷や幕府は同じ地平に彼らを置き、禁断の対象としたのでした。この文暦年間を画期として、引き続き延応元年（一二三九）にも、僧徒・諸社神人の兵仗《ひょうじょう》・狼藉に対して幕府法により禁制が発布されています（追加法一〇二・一〇三条）。

　延暦寺にしても、専修念仏禁断という点ではそれと完全に立場を同じくしている日蓮にしても、朝廷・幕府において「専修念仏禁断」という政策は超歴史的に一貫していると主張します。しかし実際には、延暦寺の主張と幕府の対応の内実は異なり、またその延暦寺や専修念仏禁断の立場を取る他の権門寺院の行動が、別の局面では禁圧の対象となることもありました。

当初日蓮は、延暦寺の存在を背後に感じながら「勘文」を作成し、証拠文書を添えて訴訟という方法により、専修念仏の禁断へと幕府を動かそうとしていました。しかし、すでに建永の段階とは歴史的状況がかなり変化しています。『念仏者追放宣状事』に見える最後の専修念仏禁断の仁治元年（一二四〇）からみても、日蓮が活動を始めた同時代からはすでに二〇年近くの年月が経過しています。こうした中で日蓮は、この方法では念仏者の一部を禁断するのがせいぜいであることを実感したのではないでしょうか。そこで、準備してきた「勘文」を「論書」の形に変容・発展させ、為政者の宗教観に直接訴えかける方法として、『立正安国論』を著したのではないかというのが、私の結論です。

同時代分析の進展　それでも日蓮は、過去の関連史料を収集し、同時代的な分析を続けます。たとえば、これも日蓮遺文の一つである『一代五時図《いちだいごじず》』は文応元年（一二六〇）の成立ですが、ここには天台宗の教判論にもとづいて諸宗の分類体系が図示されています。そのうち浄土宗は、先述のように五派に書き分けられています。この理解は、約半世紀後の凝然《ぎょうねん》『浄土法門源流章《じょうどほうもんげんるしょう》』（応長元年〈一三一一〉）所収「弘《ぐ》通浄教祖裔次第《つうじょうきょうそえいのしだい》」にもほぼ一致し、当時における一般的理解を示していると言っていいでしょう。そのうち多念義には「隆観〔寛〕〈南無房（智慶《ちけい》）、一切鎌倉ノ人人〉」、西山義《せいざんぎ》には「善慧房《ぜんえぼう》〈当院（後嵯峨院）洛中一切諸人〉」と注記されています。

嘉禄年間の鎌倉・東国で、隆寛の一念義がむしろ支持されていたことにはすでに触れました。同時に京都では、善慧房証空《しょうくう》の起こした西山義が、貴族層に支持者が多かったのは確かです。鎌倉においても世代が代わり、日蓮の時代には隆寛弟子の南無房智慶が多念義を率い、鎌倉中の帰依を得ていると認識されていました。ただしこれもすでに触れたように、日蓮を訴えた行敏の属する鎮西義も台頭し、諸行本願義も勢力を扶植《ふしょく》しています。このうちとくに日蓮が一念義の勢力を強調しているのは、彼自身が批判の矛先をこの派に絞っていたからでしょう。それはまた、朝廷や幕府の宗教政策を強く意識した『念仏者追放宣状事』から自然に導き出された分析結果でもありました。

本日は、『吾妻鏡』に記されなかった周縁としての谷戸の世界、またそこに活動する専修念仏者・日蓮・忍性などの新興の宗教者の活動に注目してきました。そこから改めて、『吾妻鏡』の構造が立体的に見えてきたことと思います。宗教勢力の活動を教理文献や遺文などから思想的に捉えることも重要であり、それを抜きにして宗教史は成り立たないでしょう。しかし、そのような教理や思想がどのような空間において、またどのような社会関係のなかで展開したのかを踏まえない限り、中世宗教を実態的に理解することはできません。その意味で、都市鎌倉の状況、さらには京都との政治的関係も交えながら同時代的に認識してゆくことが重要です。明日の第五講では、このような意識を新たにしながら、この講義全体をまとめ、「吾妻鏡と鎌倉の仏教」を俯瞰する視点を獲得してゆきましょう。

第五講　京と鎌倉、そして鎌倉仏教

1　鎌倉幕府と朝廷

『吾妻鏡』の全体像へ　さて、本日はいよいよこの集中講義の最終日です。本日は、ひとまず鎌倉の仏教から離れてみませんか？　いままでの四日間の講義では、まあ、ときどき脱線もありました。しかしスタート地点に戻ってみると、鎌倉幕府のなかば公的な歴史書としての『吾妻鏡』を通して鎌倉の仏教を見ようとすれば、さらにそれを覆う大きなフレームにどのようにつながっていくのかを思い出す必要があります。そこでごくおおざっぱですが、今日の講義の前半では鎌倉時代の政治や制度の流れを押さえてみたいと思います。

ふつう歴史の講義では、このような作業はまず最初に済ませてから、社会や文化の話をいたします。

皆さんが高校生までに学んできた教科書も、だいたいそのような構成になっていなかったでしょうか。しかし今回の講義では、最初に鎌倉の仏教に直接分け入り、そこからだんだんに展望を開いていくつもりでこの順番を考えてみました。まず政治制度の話を押さえなくても、どこから入っても鎌倉時代の全体像にたどり着く回路が開かれている、それが『吾妻鏡』の魅力です。もちろん、今回の出発点が鎌倉の仏教にあったことを、頭の片隅には置いて話を聞いてください。

中世のはじまり　第一講で述べたように、『吾妻鏡』は源頼朝《みなもとのよりとも》のもとに以仁王《もちひとおう》の令旨《りょうじ》がもたらされるところから始まります。いわば、治承寿永の内乱を通じて中世が開かれていったと意識しているかの如くです。しかし同時代の人にとっては、このときすでにあらたな時代は始まっていました。

かつては、中世といえば武家の時代、ということで武家政権に研究が集中していました。その反省から朝廷や公家社会の研究も大きく進展し、両者の関係を視野に入れた複雑で立体的な中世の世界が明らかになってきました。じつは武家の歴史書である『吾妻鏡』も、そのような目から見れば、朝廷の動静と密接にかかわることを意識して書かれた部分も少なくないのです。

そこで、公家社会の意識も視野に入れて見渡せば、保元の乱に行きつきます。乱の前年、久寿二年（一一五五）に生まれた慈円《じえん》は、独特の歴史観をもとに『愚管抄《ぐかんしょう》』を著しました。摂関家《せっかんけ》出身の貴族僧でもあった彼は、ひとまず社会的な安定を得た後鳥羽《ごとば》院政下の建永元年（一二〇六）、大懺法院《だいせんほういん》を建立します。その目的の一つは、保元の乱以来、敗死した人々の怨霊《おんりょう》の鎮魂《ちんこん》にありました。このときに著した「大懺法院条々起請事《きしょう》」（『門葉記《もんようき》』）の中には、次のように述べられています。

後鳥羽天皇　水無瀬神宮所蔵

> 保元以後、乱世の今、怨霊一天に満ち、亡卒四海《しかい》に在り。然《しか》りと雖《いえど》もいまだ抜済《ばっさい》の徳政《とくせい》を聞かず、また中興《ちゅうこう》の朝議《ちょうぎ》なきか。（中略）彼の怨霊を済度《さいど》し、此《こ》の朝家《ちょうか》を扶助《ふじょ》するは、唯《た》だ仏法《ぶっぽう》の法力《ほうりき》、専《もっぱ》ら対治《たいじ》の治術に帰す。（中略）なかんずく、崇徳院《すとくいん》聖霊・知足院《ちそくいん》怨霊、済度《さいど》の舟を追福《ついぶく》の流れに浮かべ、発願《ほつがん》の志を三宝《さんぼう》の誓に祈る。定て宗廟《そうびょう》社稷《しゃしょく》の神慮《しんりょ》に叶い、まさに三宝利物《さんぼうりもつ》の本懐《ほんかい》たるべき者か。（中略）仏法・王法の告ぐる時、仏神の冥助《めいじょ》を以て禍《わざわ》いを転じて福と為し、安穏泰平《あんのんたいへい》ならん

保元の乱以来、世間に満ち満ちている怨霊や亡くなった兵士の霊を救済するような善政が十分に行われていない。そこで仏法の力によってこれらの怨霊に対応し、朝廷を助けようではないか、と慈円は決意します。とくに崇徳天皇や藤原頼長《ふじわらのよりなが》の怨霊に追善《ついぜん》を施し、この願いを三宝に祈れば、神仏の意にも叶うであろう。この神仏の助けによって禍も福と転じ、安穏泰平が訪れるであろう、というわけです。二年後の承元元年にこの大懺法院を訪れた後鳥羽院が捧げた願文《がんもん》にも、同じく保元の乱以来の戦乱を振り返り、累々《るいるい》と重なる敗者たちの怨念は祈願の力によってようやく鎮《しず》まっており、彼らの亡魂を怨霊とすることなく、鎮魂によって護国《ごこく》へと転回させようと述べられています。

中世の形を模索する　この大きな蹟《つまず》きとしての保元の乱を、現代史の開始と認識し反省することから、未来の社会を方向づけようとするのは、慈円や後鳥羽院のみならず、当時の社会意識と見てよいでしょう。そこから慈円は幕府の成立をなかば肯定したうえで、自身の出自である九条《くじょう》家が摂関としてともに院政を支えるという政治構想を宗教的に解釈し、後鳥羽院に説きました。『愚管抄』はその帰結として有名ですが、近年さらに、『愚管抄』成立の前提となるような関連史料の発掘も進み、慈円の構想がますます明らかになりつつあります。

こうして、保元の乱以来のカタストロフィがようやく回復したかに見えた社会は、しかし後鳥羽院が起こした承久の乱により、突如として潰《つい》えてしまったように慈円には感じられたでしょう。いっぽうの武家の側には、保元の乱以来の社会的な混乱を終息させた自負があったのではないでしょうか。このとき『吾妻鏡』では、源《みなもとのさねとも》実朝亡き後、一族の「後家《ごけ》」として後見を務めた北条政子《ほうじょうまさこ》が、北条泰時《やすとき》や大江《おおえ》広元《ひろもと》ら御家人《ごけにん》一同を親しく御簾《みす》のそばまで集めたうえ、安達景盛《あだちかげもり》を通じて自身の述懐を伝える有名な一節があります。

そのとき彼女が振り返ったのは、やはり頼朝による関東草創からであり、保元の乱には一言も触れていません。とはいえ、頼朝と政子が一〇歳違いで、慈円はその間に入ります。かつ、頼朝は父とともに保元平治の乱に巻き込まれた当事者の一人でもあり、このとき父祖が源氏と運命を共にした御家人も少なからずいたはずです。それを踏まえれば、ともかくも武家の力により終息させた治承寿永の内乱は保元以来の戦乱とすべて地続きであるというのが同時代の意識だったのではないでしょうか。今回も武家の働きによって、ようやく獲得した安定を維持していこう、と考えるのが同時代的な見通しとしてはむしろ自然なように私には思われます。同じく保元の乱を出発点と考えるにしても、最近『承久の乱』を著した坂井孝一さんが指摘されるように、後鳥羽院はけっきょく白河院《しらかわいん》以来の院政の延長上に、便利に召し使う存在としてしか武士を認識できませんでした［坂井二〇一八］。これに対して、鎌倉の方ではもはや国制の一部として武家政権を樹立した自負に支えられ、その力によって中世という新たな時代の発展を構想していたのでした。

皆一心に奉《うけたまわ》るべし。是れ最後の詞なり。故右大将軍朝敵を征罰し、関東を草創して以降、官位と云い、俸禄《ほうろく》と云い、其の恩は既に山岳に高く、溟渤《めいぼつ》に深し。報謝《ほうしゃ》の志浅くこれあるや。しかるに今、逆臣の讒《そしり》に依りて、非義の綸旨《りんじ》を下さる。名を惜しむの族、早く秀康《ひでやす》・胤義《たねよし》等を討ち取り、三代将軍の遺跡《ゆいせき》を全うすべし。但し院中に参らんと欲さば、只今申し切るべしてえり。群参の士、悉《ことごと》く命に応ず。（承久三年五月一九日条）

「皆、一心にお聞きなさい。これが最後の言葉です」という台詞から始まる政子の凜とした風情は、この演説そのものがフィクションであったとしても、尼将軍《あましょうぐん》として頼朝のカリスマ性を継承した彼女の相貌をよく伝えていると思います。じつは、御簾のうちにいる政子が人を介して伝えた言葉ですが、あたかも自身が大きな声を発して述べたかのような臨場感があります。彼女はこう続けます。

「故右大将源頼朝が朝敵を征伐して関東に武家政権を創始してから、官位も俸禄も（武士の望み通りとなり）、その恩は山海のように高く深く、感謝の気持ちが浅いはずはなかろう。ところが今、逆臣の讒《ざん》言《げん》によって不当な綸旨が下されました。口惜しく思う者たちは、はやく（京方の）藤原秀康・三浦胤義らを討ち取り、源氏三代将軍の遺産を守りなさい。ただし、後鳥羽院方に参上しようと思う者は、いまここで（退出を）決心しなさい。」

群集した武士たちは、みな命に応じて、その場を立ち去るものはいませんでした。涙に咽《むせ》んで返事もできなかったが、みな命を顧みず幕府の恩顧に報いようとの気持ちである、と『吾妻鏡』地の文は解説します。しかし、さらに続けて『文選《もんぜん》』の「勁松彰㆓於歳寒㆒、貞臣見㆓於国危㆒」なる一節まで意識して、「力強い松の姿が厳冬期にこそはっきりするように、忠臣は国家の危機にこそ現れるのだ」とまで述べているのは、少々情感を込めすぎているでしょう。

というのは、朝廷方についた武士は、もとより院の西面《さいめん》の武士に編成されていたり、西国に拠点を置く御家人であったり、という事情が従来から指摘されていました。加えて坂井さんらが述べるように、ちょうど乱が起こったときに、たまたま在京していた武士は、それまでの事情にかかわらず京方についた、という場合も多かったようです。逆に言えば、もはや軍事態勢が敷かれようとしている中、関東に留まった武士にとっても、事情はどうあれいまさら京方に走ることも難しかったでしょう。

一所懸命の熊谷氏　こうして鎌倉方として承久の乱に参加した武士の一人が、熊谷直国《くまがいなおくに》でした。第二講では、『吾妻鏡』に描かれた熊谷直実《なおざね》の一端に触れました。その孫が直国です。直国は承久の乱の中で、千虎《せんとら》・弥虎《やとら》という二人の幼い男子を残し、最大の激戦地であった近江勢多橋《せたはし》で討ち死にしてしまいます。その前夜、戦地から武蔵熊谷の家族に充てて出されたのが、次の書状です。原文のまま見てみましょう。

（端裏書）
「せきとのゆつりふみのせうそくなり」

せうふかつらやしきたひて候也。

せんとらほうし殿へ給て候。とく〵〵せうちはそれにたひ候へ。せんとらことにうたせ候かと思候。

わうさうはうたかひ候はす候。

（異筆）
「承久三年」六月十二日　（花押）

せんとら殿

男子が認める譲状であれば漢文が一般的ですが、ここでは仮名書きです。内容はきわめて簡略、原文書を見ると筆跡もかなり荒れていて、文意も取りにくいものです。あるいは戦場のただ中で、死を覚悟して急ぎ認《したた》めたのではないか、とも思わせる臨場感にあふれた文書と言えましょう。

内容は千虎に、「せうふかつらやしき」を譲る、というだけの、じつに簡潔な譲状です。この場所は「菖蒲面屋敷」とでも書くのでしょうか。あるいはこれは、武蔵熊谷郷支配の拠点であった恒正名の堀内に所在した地頭屋敷かとも思われます。続けて「せうち」は速やかにそれ（千虎）に与えてくれ、とも書いていますね。「せうち」＝勝地（優良な土地）ということでしょうか。その次の部分も解釈が難しいのですが、私は「千虎は（父である自分が）きっと討たれたかと思って（心配して）いるだろう。（そうなっても、自分の）往生は疑いないことだ（と伝えて安心させてやってくれ）」と理解しています。法然《ほうねん》に帰《き》依《え》した大往生の人、熊谷直実を祖父に持つ直国の「遺言」としてもふさわしいものですが、幼子の気持ちを心にかけながら討ち死にしていった一人の父親であったことを思うと、胸が痛みます。

しかし、直国討ち死にのおかげで、子らには幕府から恩賞として安芸国三入荘地頭職《みいりのしょうじとうしき》が新たに与えられました。のちにここに拠点を移した熊谷氏の一族は繁栄し、近世には毛利藩士となって家名《かめい》をのちまで存続、『熊谷家文書』を現代に伝えることになりました。その他にも、陸奥気仙沼《けせんぬま》や近江塩津《しおつ》など、熊谷一族は各地に分布していますが、そのうち塩津荘地頭職を継承した熊谷氏は承久の乱で京方に就いた兄直正の一族の子孫ではないかと私は見ています。

かつて熊谷直実は、嫡男直家《なおいえ》とわずかな手勢を連れて何度も戦陣に駆けつけました。そうして死線をかいくぐり、治承寿永の内乱を生き抜いた結果、武蔵熊谷郷を安堵《あんど》されて鎌倉幕府御家人に列せらたのです。しかしその後も、隣接する小領主間や上級領主鶴岡八幡宮との軋轢《あつれき》など、熊谷郷を守るのは並大抵ではありません。三代将軍　源　実朝《みなもとのさねとも》暗殺の直後にふたたび幕府から熊谷郷地頭職の権益につき確認されたことは、第二講で触れました。それも束の間、直国は父や祖父と同じように戦に命を懸けて、所領を拡大していったのです。

こうしてみると、承久の乱は熊谷一族、またそれと同じく有名無名の多くの鎌倉武士にとって、やはり大きな時代の画期でありました。頼朝や政子、そして慈円らの次世代に生まれた東国の人々にとっては、これもまた子孫にいたるまで語り継がれるべき、現代史の始まりだったことは確かです。

百王思想のめばえ　京都では幕府により、速やかに乱後の処理が進められました。張本人である後鳥羽・順徳《じゅんとく》両上皇の配流、続いて同じく後鳥羽の血を継ぐ順徳の異母兄土御門院《つちみかどいん》も、土佐《とさ》（のち阿波《あわ》に移送）に遷されます。さらに乱の直前に即位した仲恭《ちゅうきょう》天皇も廃位となりました。そのうち、『吾妻鏡』に載る土御門院配流の記事を見てみましょう。

土御門院、土佐国に遷幸す〈後、阿波《あわ》国〉。土御門大納言〈定通卿《さだみち》〉御車に寄る。君臣互いに悲涙に咽《むせ》ぶ。女房四人幷に少将雅具《まさとも》・侍従俊平《としひら》等、御供に候。この君、大化は万邦《ばんぽう》に滂流し、慈恵《じけい》は八埏《はちえん》に充満し御《たま》うの間、申し行わずして日緒を遂ぐるの処、縡《こと》叡慮に起こり、忽《たちま》ちに南海に幸ずと云々。

天照大神は、豊秋津洲《とよあきつしま》の本主、皇帝の祖宗なり。しかるに八十五代の今に至り、何の故に百皇鎮護《ひゃくおうちんご》の誓を改め、三帝・両親王に配流の恥辱を懐かしめ御うか。尤もこれを怪しむべし。凡そ去る二月以来、皇帝幷に摂政以下、多く天下改むべきの趣、夢想の告を蒙《こうむ》り御う。（中略）吉《よし》水《みず》僧正坊の夢、年来薫修《くんじゅ》の壇上に馬有り。件の馬、俄かに以て奔《はし》り出すてえり。これに依て、僧正向後に於ては、仙洞《せんとう》御祈禱に奉仕すべからざるの旨、潜《ひそ》かに意端を挿むと云々。これら、何ぞ宗廟社稷の示す所に非ずや。然れども、君臣共にこれを驚き御わず。（承久三年閏一〇月一〇日条）

土御門院は、母方の義理のおじで近臣でもある源定通と、牛車のもとで別れの涙を交わしたのち、わずかな供を連れて配所である土佐国に向かいました。ここで『吾妻鏡』は、上皇の大化や慈恵、すなわち豊かな恩徳が国のすみずみにまで行きわたったと讃えます。承久の乱後の処置もなく日を送っていたが、けっきょく上皇自身のご意志で南海にお遷《うつ》りになるのだと述べています。

土御門院が承久の乱に強く関与しておらず、幕府の処置が温和であったのはある程度事実です。とはいえ、後鳥羽院の皇子であった土御門院が反対勢力に担がれることを怖れた幕府は、配所を阿波に移したのちも終生監視を続けます。ようやく院が帰京したのは、ついに遺骨となった後のことでした。

土御門院　曼殊院所蔵

続く部分では、そもそも日本の本主である天照大神の後胤でありながら、神々は八五代（仲恭天皇にあたりますが、即位は認められませんでした）をもって百王までを鎮護するとの誓いを改め、三上皇らに配流の恥辱を抱かせたのはなぜだろうか、と『吾妻鏡』の作者は疑問を提起します。この記事は、いわゆる百王思想の著名な例の一つとしても知られています。承久の乱の翌年に生まれ、この事件を現代史の始まりと考える東国人の一人であった日蓮もまた、さかんに承久の乱と百王思想の関係を考察しています〔菊地二〇一二〕。

『吾妻鏡』のほうは、じつは二月ごろから天皇・摂関らは宗廟社稷（皇祖神）から挙兵を誡める夢告を受けていたが、それを意に介さなかったのだ、というのがその理由だ

天皇家関係系図　数字は即位順、……は養子

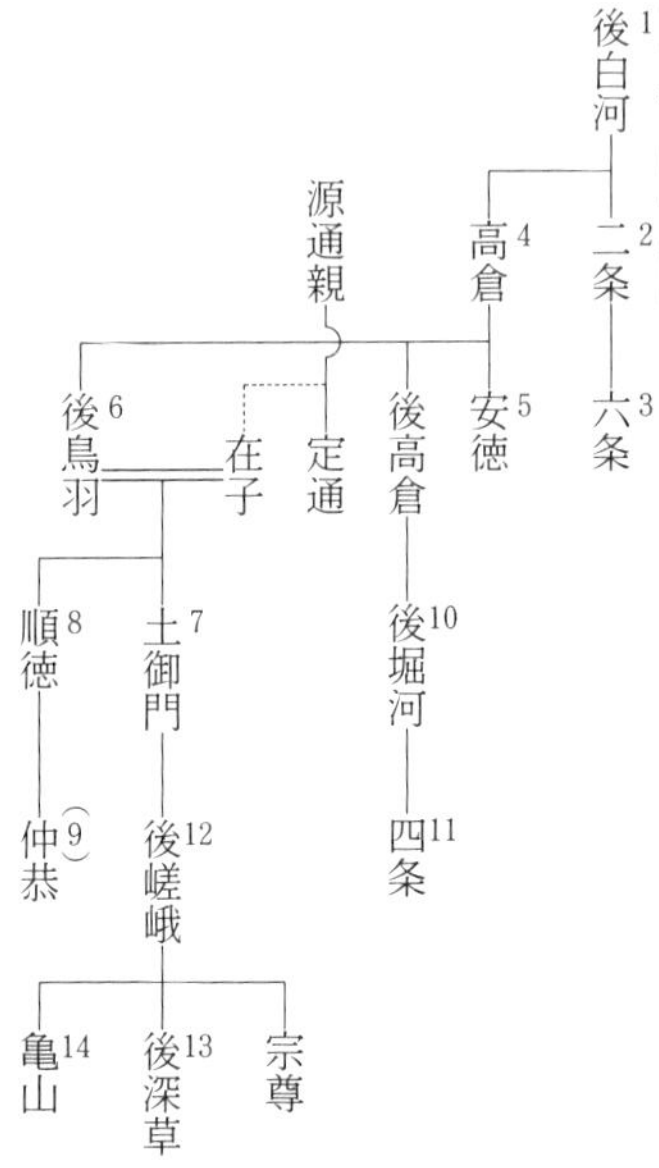

と述べています。なかでも吉水僧正こと慈円が、密教の修法壇《しゅほうだん》の上に馬が現れると俄かに走り出した、という兵乱を暗示する夢を見て後鳥羽院のための祈禱を止めようとした、とは面白い伝聞を書き留めたものです。

それにしても、幕府に対して弓を引いた京方の三上皇の配流は神仏の誡めを無視した報《むく》いだと幕府の処置を正当化する一方で、土御門院についてはことさらにその恩徳を強調しているのはなぜでしょうか。それはつぎに考えることにしますが、ともかく後鳥羽院の皇統はことごとく否定され、もう一度高倉院《たかくらいん》までさかのぼってその別の皇子、後鳥羽院の兄であった守貞親王《もりさだしんのう》に移ります。しかし、弟の後に兄が皇位につくことは憚られたため、親王は即位なきまま上皇として院政を敷くことになり（後高倉院）、その皇子が後堀河《ごほりかわ》天皇として即位します。一種の王朝交代と見ることができるでしょう。

2　後嵯峨院政と執権政治の展開

後高倉から後嵯峨皇統へ　後高倉院の皇統は、まもなく貞応二年（一二二三）の院の崩御によって後堀

河天皇に引き継がれます。後堀河はしばらく親政ののち貞永元年（一二三二）に退位、その皇子（四条《しじょう》天皇）を即位させ、院政を開始します。第四講で取り上げた嘉禄の法難は、この後堀河の親政期に起こった事件です。法然没後の教団にとって初の大規模な法難事件でしたが、いまだ法然在世中の後鳥羽院政下で起こった建永の法難とは「弾圧」といってもかなりの差違があることを説明しました。朝廷としての政策基調は継承されているものの、この間に起こった王朝交代を正しく評価しなければなりません。皆さんはどうお考えでしょうか。

同じ後堀河親政下で起こった出来事としては、承久の乱を乗り切った北条義時《よしとき》の死没を挙げないわけにはいきません（元仁元年〈一二二四〉）。執権《しっけん》は、嫡男泰時《やすとき》に引き継がれました。このときを狙って、義時後妻の伊賀《いが》朝光《ともみつ》女が、すでに摂関九条《くじょう》家から鎌倉殿に据えられていた九条頼経《よりつね》を廃して娘婿一《いち》条実雅《じょうさねまさ》を将軍に立て、泰時の異母弟である実子政村《まさむら》を執権に就けようとする事件がありました（伊賀氏の変）。北条政子の支持を得た泰時はこれを乗り切り、執権職をまっとうすることができました。すると翌年には、幕府御所を宇都宮辻子《うつのみやずし》へ移転させ、評定衆《ひょうじょうしゅう》による評定始《ひょうじょうはじめ》を行い、そして鎌倉大番《かまくらおおばん》の制を設けるなど、のちの幕府の骨格を整えていきます。さらにその翌年、わずか二歳で鎌倉に下向《げこう》した頼経は九歳となり、将軍宣下を受けます。

こうした一連の施策の中で、泰時が貞永元年（一二三二）に幕府法の根本となる御成敗式目《ごせいばいしきもく》を制定したことは、みなさんもすでに中学・高校で習ったでしょう。御家人の合議制と法にもとづく政務の運営に象徴される泰時・時頼《ときより》の執権政治期は、朝廷との関係も良好で幕政は安定します。泰時はのちのちま

宇都宮辻子幕府跡

で、名執権と仰がれるようになりました。しかし、この名君のイメージも北条氏の周辺で編纂された『吾妻鏡』が、鎌倉時代後期から見てこの時代を理想化し、泰時を賛美していることに大きく影響されています。泰時が、あくまで御家人のなかでダントツに有力な北条氏の家督《かとく》（得宗《とくそう》）であったことを、忘れてはなりません。

泰時の執権期に、京都では後堀河院政が始まります。その途中から、承久の乱により一度は失脚した九条道家《くじょうみちいえ》が近衛家実《このえいえざね》に代わって関白《かんぱく》となり、続いて幼帝四条天皇が即位すると道家男教実《のりざね》が摂政となります。まもなく文暦元年（一二三四）に院が崩御したことにより、政務は道家の影響下、教実の摂政のもとで四条天皇親政となりました。その天皇も仁治三年（一二四二）はじめに一一歳で急逝すると、とうとう後高倉院の皇統は絶えてしまいます。朝廷からは幕府に対して、皇位継承につき急ぎ諮問《しもん》がありました。このとき道家らが有力な継承者として目していたのは、順徳院の皇子忠成王《ただなりおう》でした。しかし、承久の乱に際し、後鳥羽院とともに積極的に関与した順徳の皇子を嫌った幕府は、順徳の異母兄土御門院の皇子を指名します。こうして即位したのが後嵯峨《ごさが》天皇でした。

『吾妻鏡』が編纂された当時、もう後嵯峨院はこの世にありませんが、朝廷ではその皇統が引き続き治世を行っていました。また鎌倉でも、これから述べるように宗尊親王《むねたかしんのう》以来歴代の親王将軍もまた、当然すべて後嵯峨皇統に属しています。三上皇のうち土御門院にことさらに気を遣った背景には、このような『吾妻境』成立時の同時代的な事情がありました。

後嵯峨王朝と鎌倉幕府　実際に後嵯峨天皇の即位後、京都ではまず後鳥羽院の復権が図られます。後嵯峨即位の同年七月八日に、顕徳院《けんとくいん》を改め後鳥羽院とすべきことが定められました。「顕徳院」とは聞きなれない院号ですが、これは延応元年（一二三九）二月に隠岐《おき》で院が崩御したことを受け、五月になって略式の手続きにより定められたに過ぎません（『百錬抄《ひゃくれんしょう》』延応元年五月二九日条）。このとき、保元の乱に敗れて流罪となり、恨みのうちに配所で崩御した崇徳院の例が意識されたように、背景には院の怨霊への怖れがありました。しかもなお一般には隠岐院などと通称され、通常の上皇の崩御のようには扱われていませんでした。

このようにして、ひっそりと定められた顕徳の院号を後鳥羽に改めることは、後嵯峨にとって直系の祖父である院の名誉回復に他なりません。大原《おおはら》（後鳥羽院）・金原《かねがはら》（土御門院）の両墓所には先例に習い、山陵を置かない由を報告する使が立てられました。これは、歴代天皇として両院を正式に遇していることの現れです。後鳥羽院への改号もこれとともに告げられました（『百錬抄』）。この一連の措置には、かつて配所に向かう土御門院と涙の別れを経験したと『吾妻鏡』が伝える、土御門定通の意向が働いたと言います（『平戸記《へいこき》』仁治三年六月二六日条）。それは、定通が後嵯峨天皇の大おじ、つまり承明門院《しょうめいもんいん》の義理の兄弟であり天皇の近臣・後見役であったからですが、当然幕府の同意もあったでしょう。

しばらくして宝治元年（一二四七）六月、三浦一族が滅亡した宝治合戦については すでに第三講で触れました。その少し前から、『吾妻鏡』では不吉を知らせる記事が目立つなか、直前には宮騒動《みやそうどう》（名越《なごえ》光時《みつとき》の乱）が起こります。さらに将軍九条頼嗣《くじょうよりつぐ》正室であった執権故北条経時《つねとき》女も四月から病に倒れ、五月には没しました。やがて六月に起こるべき宝治合戦への道は、すでに開かれていた時期です。これと前後して、『吾妻鏡』には次のような記事が見えます。

> 後鳥羽院御霊《ごりょう》を鶴岡乾《いぬい》の山麓に勧請《かんじょう》し奉らる。これ彼の怨霊を宥じ奉らんがため、日ごろ一宇の社壇を建立せらるる所なり。重尊僧都を以て別当職《べっとうしき》に補せらると云々。（宝治元年四月二五日条）

こうした一連の不吉な事件は後鳥羽院怨霊の祟りとされ、これをなぐさめるために、鶴岡八幡宮の麓に御霊社が建てられました。鶴岡の北西（乾）、雪ノ下に建立され、新若宮と号したとも言います（『皇代暦』）。この社は、現在の今宮神社に継承されています。じつは、徳永誓子さんが明らかにした通り、すでに京都にはこれ以前から後鳥羽院の怨霊を怖れる風潮が種々あり、皇統継承問題と関わってこの後も尾を引きます［徳永二〇〇五］。ましてや、院を流罪に処し、死後も復権を許さないできた幕府にその恨みが向かうのは当然でしょう。しかしこれまで、幕府が表立ってこれを慰撫《いぶ》しようとする動きは見られません。鎌倉方の人々の個々の内面的な恐怖はどうであれ、政治的には後白河院に続くはずだった後鳥羽―順徳…という皇統を抹消し、かわりに後高倉王統に挿《す》げ替えた以上、幕府は一切これを無視していたのです。後嵯峨王朝の開始によって後鳥羽―土御門という皇統が復権し、その封印が解かれた結果、はじめて後鳥羽院怨霊の跋扈《ばっこ》と慰撫も可能となったのでした。

今宮神社

いっぽう、仁治三年（一二四二）九月に佐渡院（順徳上皇）が崩御した際には、大嘗会《だいじょうえ》が迫っていたことを理由に、後嵯峨天皇は錫紵《しゃくじょ》（喪服）も着しませんでした。こちらは天皇からみて傍系（おじ）とは言え、「順徳院」が追号されるのは七年ものちの、建長元年（一二四九）のことです（『百錬抄』他）。復権されたのはあくまで後鳥羽―土御門―後嵯峨という皇統であって、順徳の皇統はさらにしばらくの間、無視し続けられたのです。承久の乱の記憶は、敗者の怨念という形で四半世紀以上の長きにわたって尾を引き、時間をかけて整理されていったのでした。

後嵯峨天皇の即位という大仕事を果たして間もな

く、同年六月に泰時は没し、執権は孫である経時が継承します。このころ将軍頼経は、成人して意志を持つにつれコントロールが難しくなり、その周囲には北条得宗家への対抗勢力が形成されていきました。そこで経時は頼経を引退させ、その息男頼嗣を将軍に擁立しました。その経時も早世したことで、寛元四年（一二四六）に弟時頼が執権となり、ひと月遅れで朝廷では後嵯峨院政が始まります。

時頼は、祖父泰時の政治方針を引き継ぎますが、後嵯峨院は幕府の指名で皇位に就いたこともあって、時頼と協調しながら政務を執りました。こうした関係の下、父と同じく建長四年（一二五二）に頼嗣が鎌倉を追放されると、後嵯峨院皇子であった宗尊親王が将軍として関東に下向します。

宗尊親王の下向　宗尊親王は後嵯峨の第一皇子です。しかし、いまだ皇位継承の望みも薄かった時期の後嵯峨が、身分の低い出自の平棟子《たいらのむねこ》（棟基女）との間に儲けた皇子でした。そこで後嵯峨の即位後に后となった西園寺姞子《きつし》（大宮院《おおみやいん》）が生んだ二人の皇子が、後深草《ごふかくさ》・亀山《かめやま》両天皇として相次いで即位します。とはいえ、棟子は終生後嵯峨の寵愛を受け、その関係は後嵯峨の皇統を引く次の世代にまで受け継がれていきます。宗尊は皇位につかなかったとはいえ、後嵯峨にとってとくに大事な皇子であり、幕府の要請に応じて将軍として関東に下向させるにふさわしかったのではないでしょうか［菊地二〇〇二］。その一端を窺うことができるのが、『吾妻鏡』の次の史料です。

御出有らんと欲するの処、御悩の間、延引す。仍ち御祈禱を行わる。（中略）去月上旬の比《ころ》より、時々発らしめ給う。今に於ては、御膳を聞《きこ》し食《め》されず。衆人驚き騒ぐ。歎息の外、他事なし。仍て今日御祈禱療治の事、御所に於て評議に及ぶ。（中略）清左衛門尉満定を以て使節として、鶴岡別当法印隆弁《りゆうべん》を召し入る。廂《ひさし》の御所《ごしよ》に於て、城介《じようのすけ》群議の趣を法印に伝えて云く、この君、仙洞御鍾愛《しようあい》の一宮なり。東関諸人の懇望等閑ならざるの間、三位中将殿の御替として御下向す。武家の眉目に非ずや。しかるに御悩、日に渉るの間、顕密の御祈、その数を尽くさるると雖も、祈療術を失い、旬日《じゆんじつ》空しく遷る。諸壇御祈に於ては、今朝皆結願せらるる所なり。御入営の始め、貴禅無為の御祈禱を致さる。今度安全の事、同じく一身の懇丹《こんたん》を凝さるべきの旨、議定訖ぬてえれば、法印領状を申すと云々。（建長四年八月六日条）

一三歳になり、元服を済ませたばかりの少年宗尊は、この年四月一日に鎌倉に到着しました。長旅に続いて、御家人たちが鎌倉殿をもてなす垸飯《おうばん》、征夷大将軍宣下、御家人たちの行列を従えての鶴岡八幡宮への参拝と、矢継ぎ早に行事が続きます。こうした中、疲れが出たのでしょうか、八月になると体調不良が目立ち、予定されていた将軍宣下の拝賀のための八幡宮参拝も延期されてしまいます。

元来京都の貴族は、任官の御礼に天皇や院・摂関のもとを訪れて拝礼するしきたりがあり、これを終えて政務議定の場である左近衛府の陣座に着く儀式を済ませなければ、職務を執行することができないとされていました。宗尊の場合は皇族である親王なので、貴族と違って着陣はありませんが、親王としては異例の征夷大将軍任官でした。しかも鎌倉にあって任官されたので、頼朝以来の先例に倣い、源氏の氏神であると同時に皇祖神でもあった鶴岡八幡宮に参拝することになったのです。鎌倉殿となりながら、しかし、こうした重要で晴れやかな儀式さえ中止しなければならない、ちょっと心配な病状でした。すでにひと月前から体調が優れず、腹病のために食事がのどを通らなくなっていたようです。驚きつつも、ことの次第を憂えた幕府では、御所で祈禱や治療につき相談しました。

その結果、清原満定《きよはらのみつさだ》を使者として八幡宮別当隆弁《りゅうべん》を召すと、安達義景《あだちよしかげ》が合議の内容を伝えます。宗尊親王は、後嵯峨院の寵愛する第一皇子であるが、関東の人々の望みがひとしきりではないので、前将軍藤原頼嗣の代わりにご下向なさった。これは武家の名誉である。ところがご病気が長きにわたり、仏教の祈りも多く尽くしたが、祈禱も治療も方途を失い何日も空しく過ぎた。いままでの祈禱は、みな今日終了する。宗尊が幕府に到着した折にはあなたが無事の祈禱をなさったのだから、今度の身体安全の祈禱も心をこめて勤めてほしい、というのがその内容でした。

すると、さすがは隆弁、翌日から彼が千手法《せんじゅほう》・大般若経真読《だいはんにゃきょうしんどく》を始めると、早くも一〇日には回復の兆しが表れて粥を食し、一三日には熱も下がって食事をしたということです。それでもしばらくは全快とはいかず、大切な一五日の八幡宮放生会《はちまんぐうほうじょうえ》なども欠席してしまいました。ようやく月末ごろに回復すると、九月に入って二日には病気平癒を京都に報告し、七日には沐浴《もくよく》が行われます。同日隆弁には、勧賞として美濃岩滝郷《いわたきごう》が給与され、僧正に補せられました。隆弁の鎌倉での活躍ぶりについては、すでに第三講でもお話ししましたが、ここでもおおいに面目を施したというわけです。

鎌倉殿宗尊の正統性　こうして鎌倉において将軍としての生活を始めた宗尊は、一六歳になった正嘉元年（一二五七）、大慈寺《だいじじ》供養というはなやかな行事への出席を果たします。鎌倉を代表する八幡宮

（寺）・勝長寿院《しょうちょうじゅいん》・永福寺《ようふくじ》（二階堂）については、すでに第三講までに見てきましたが、のちに三代将軍源実朝および四代将軍九条頼経によって、それぞれ大慈寺・明王院《みょうおういん》（五大堂《ごだいどう》）が建立され、既存の三ヵ寺に加えて幕府に保護されていきます。

大慈寺は十二所《じゅうにそ》に建立されましたが、現在は廃絶しています。源実朝が君恩父徳《くんおんふとく》に報いるため、建保二年（一二一四）に建立しました。落慶供養《らっけいくよう》には栄西《えいさい》が導師に招かれています。のち、北条政子追善《ついぜん》のため三重宝塔や丈六阿弥陀堂《じょうろくあみだどう》が建立され、暗殺された二代将軍源頼家の遺子で四代将軍九条頼経の正室となった竹《たけ》の御所《ごしょ》の御堂《みどう》も上棟《じょうとう》するなど、じょじょに寺観が整えられていきます。

正嘉元年には修理が加えられ、いよいよ荘厳《しょうごん》な寺観をあらわにします。つぎの記事は、『吾妻鏡』に記録された、そのときの供養の有様です。

> 卯刻、将軍家、泰綱《やすつな》の家より還御す。今日、大慈寺供養なり。当寺の本堂・丈六堂・新阿弥陀堂・釈迦堂・三重塔・鐘楼等、悉《ことごと》く修理を加えらる。荘厳の美、殆ど古跡に軼《す》ぐ。曼陀羅供《まんだらく》、大《だい》阿闍梨《あじゃり》三位僧正頼兼《らいけん》、職衆三十口。御願文、草は給料広範《ひろのり》、清書は左大臣法印厳恵。御諷誦文《ふじゅもん》〈相州の御名字を載せらる〉、草は広範、清書は和泉前司行方《ゆきかた》。当日会場の行事、参河前司教隆《のりたか》真人〈布衣下括〉・刑部権少輔政茂〈束帯〉等、未明寺門《じもん》に参りこれを奉行す。（中略）仏前の西間、大阿闍梨の座〈高麗端《こうらいべり》〉たり。東の間、東・北に折るるを以て、大阿闍梨平讃衆の座とす。北の間の東に折るるを以て、自余職衆の座とす。又三井流《みいりゅう》大阿闍梨たるの時、散花《さんげ》の机を立てず、堂童《どうどう》

子《じ》の座を敷かずと云々。仍て今日、その式を守る。

このときには本堂をはじめ、丈六すなわち一丈六尺＝四・八五メートル（座像の場合はその半分）の仏像を祀る丈六堂、さらに阿弥陀仏や釈迦仏を本尊とする主要な堂舎、および塔や鐘楼にまで修理が施されたと言います。なかには新築に近いような大規模な改修も含まれていたのではないでしょうか。金《こん》剛《ごう》・胎蔵《たいぞう》両界の曼陀羅を供養する曼陀羅供が行われ、導師頼兼は、さまざまな所作をしたり一緒に声《しょう》明《みょう》を唱えたりする職衆の僧を三〇人従えていました。頼兼はかつて、源頼朝以下の源氏一族のため、将軍九条頼経が持仏堂で『金光明経』百部供養を遂げた際の導師を務めるなど（『吾妻鏡』延応元年八月一〇日条）、早くから鎌倉に伺候《しこう》した寺門派の僧で、村上源氏の血を引き、園城寺《おんじょうじ》別当・権僧正に昇った人です。願文は当然幕府将軍の願意を記したもので、法会の場で読み上げられます。その文章（草）は広範が、清書は厳恵が担当しました。厳恵は真言宗の小野《おの》随心院《ずいしんいん》僧で、九条家の一族です。父高実《たかざね》が道家猶子《ゆうし》となったことから（『尊卑分脈《そんぴぶんみゃく》』）、頼経と近い関係にありました。法印に昇り、幕府持仏堂の供養導師を務めるなど（『吾妻鏡』建長四年一一月二二日条）、宗尊将軍期にも鎌倉で活動していましたが、宗尊の京都送還直前の文永三年六月、なぜか遁世《とんせい》してしまいました。

建立から四〇年あまり、木造建築の常識からすれば、そろそろ修理を加えるべき時が来ていたことは確かでしょう。さらにこの年、八月二三日には南関東を中心に正嘉の地震が起こります。マグニチュードは最大七・五程度と推定されているようで、鎌倉市中にも大きな被害をもたらした大規模な地震でした。生国安房を後にして、布教のために鎌倉に出てから間もない日蓮は、この地震に直面したことが大きなきっかけとなって『立正安国論』の執筆へと向かいます。この正嘉地震もまた、大慈寺の建造物に被害をもたらしたことが予想されます。

しかし、それだけでしょうか。このときの修理および落慶法要の執行は、将軍宗尊の名のもとに行われたことになります。この寺を最初に建立した三代将軍実朝の暗殺に始まり、その後の二代の摂家将軍は京から裏で糸を引く九条道家や反北条氏勢力の策動に巻きこまれて失脚、いくつかの内訌《ないこう》により没落した北条氏一族や有力御家人も一、二に留まりませんでした。

その後、あらたな将軍として鎌倉に迎えられたのが宗尊であってみれば、過去の将軍、とくにレジェンドでもある源氏将軍実朝の建立した大慈寺をあらためて荘厳し、盛大に落慶供養を執行した背景には、ひそかに内訌の犠牲者を弔いつつ、幕政の安定を願うという政治的意図があったに違いありません。

大慈寺供養　そこで、中略を挟んでさきの記事の続きを見てみましょう。

路次の儀、永福寺供養の時、右大将家法花堂の前に於て、三位中将家[1]御駕《ぎょが》を税《お》かれ、供奉人《ぐぶにん》下馬せしむと雖も、今度その礼有るべからざるの由、兼日これを定めらる。次に寺の南門に到り、御車を税きて下御す。左近大夫佐房、御榻《しじ》に役す。土御門中納言・花山院宰相中将幷に殿上人等、予め寺門の外に参候す。是れ、公卿・殿上人、騎馬して供奉すべきの由、沙汰有りと雖も、公卿騎馬して親王に供奉し奉るは、先規分明ならざる間、その儀を止めらる。殿上人に於ては、その難有るべからずと雖も、この儀たらば、公卿乗車して扈従《こしょう》すべし。しかるに関東の儀、御車の外、これを聴《ゆる》されざるに依り、皆、威儀の供奉を止めらる。仍てかくの如しと云々〈右丞相御拝賀の御例、不吉に依り信用せざるか〉。（中略）午の一点、大阿闍梨三位僧正頼兼南門の外の橋下の際に到る。手輿《たごし》〈退紅の仕丁六人舁《か》く〉を遣り、これに移乗せしむ。幔門《まんもん》の際に到り、執綱《しっこう》越中前司頼《より》業《なり》・長門前司時朝《ときとも》、執蓋《しっかい》小山太郎左衛門尉等役に従う。又堂中に在る職衆、悉く莚道《えんどう》に行き向かい、鐃《にょう》を打ち鉢を突きて頌讃《しょうさん》す。

1　第五代将軍藤原頼嗣。永福寺供養は建長元年（一二四九）一一月二三日で、実際には正四位下左中将。

ここで問題となっているのは「路次の儀」、つまり将軍宗尊親王が御所から大慈寺落慶供養の会場に出かける際の行列のことです。このような行列には、その豪華さはもちろん、宗尊および京都から下ってきてそれに従う公卿・殿上人らの貴族、そして鎌倉の武士たちの序列が可視的に表れます。すでに頼朝将軍時代から、鎌倉においてはこのような行列の次第を整えることに心を砕いていたでしょう。しかし、その後将軍は源氏から藤原摂関家の出身者へと移り、ついに親王を将軍に迎えます。それまで先例のない行列をどのように整えるのかが、議論となったのです。

かつて永福寺供養（おそらく建長元年）の際、当時の将軍藤原頼嗣は、大蔵にあった頼朝法華堂の前を通過するときに乗物を停めたといいます。もちろん人々からは見えませんが、拝礼をしたのです。官位としては、正二位前右大将を極官《ごっかん》とし、なにより初代鎌倉殿でもある頼朝に対して、摂関家の血を引く頼嗣であっても、このような形で敬意を表することが当然と判断されたのでしょう。このとき、供奉の人々はみな下馬しました。今回、親王である宗尊はこのような礼を行わないということを、かねてから決めてありました。しかし逆に言えば、鎌倉殿を継承した宗尊もまた、頼朝に拝礼してもしかるべきではないか、という意見も存在したことを示唆しているでしょう。

ここをそのまま通り過ぎて大慈寺に到着すると、宗尊は車を停めて下車しました。このとき、行列に供奉しているはずの土御門顕方《つちみかどあきかた》・花山院長雅《かざんいんながまさ》らの公卿と殿上人らは、さきまわりして門外に控えていました。これは先例に照らして公卿が騎馬するわけにいかず、また関東では牛車を用いるのは将軍のみとのしきたりがあって、行列に伴するすべがなかったためだと言います。かつて経験したことのない、京と鎌倉の文化の出会いと戸惑いの中で行われた、親王将軍の大慈寺供養への参列でした。

職衆

〈寺　宰相〉法印権大僧都清尊　〈寺　宮内卿〉法印権大僧都房源
〈寺　大輔〉法印権大僧都尊遍　〈寺　土佐〉権少僧都実性
〈寺　大夫〉権少僧都聖尊　〈寺　卿〉権少僧都長尊
〈山　伊予〉権少僧都性円　権少僧都兼伊
権少僧都重賢　権少僧都増慶

権律師経厳　　権律師長性
〈寺　治部卿〉権律師頼承　　〈寺〉権律師隆禅
権律師慶尊　　阿闍梨尊栄
大法師定西　　大法師頼円
大法師静禅　　大法師定範
〈寺　大輔〉阿闍梨頼宴　　内供奉弁盛
大法師円海　　阿闍梨真知
大〔衍カ〕阿闍梨頼珍　　大法師頼珍（マヽ）
大法師良慶　　大法師快舜
大法師性舜　　大法師常照
阿闍梨兼朝

大阿闍梨上堂す。御誦経・鐘幷に法用訖るの後、御布施を大阿闍梨に引かる。

（中略）

　御布施取
土御門中納言〈顕方卿〉　　花山院宰相中将〈長雅卿〉
仁和寺三位〈顕氏卿〉　　二条三位〈教定卿〉
刑部卿〈宗教卿〉　　一条中将能基朝臣

一条前少将能清朝臣　　中御門中将公寛朝臣
中御門少将実承朝臣　　中御門侍従宗世
坊城少将公敦　　六条侍従公連
二条侍従雅有　　少輔左近大夫佐房
刑部少輔政茂　　駿河新大夫俊定
前近江守季実　　押立蔵人大夫資能
伊達左衛門蔵人親長　　長井判官代泰茂
（正嘉元年一〇月一日条）

ちょっと史料の引用が長すぎましたね。これでも省略しているのですが、この日のできごとをいかに『吾妻鏡』が入念に記録したかが分かります。後半はもっぱら、この日の行事に参加した人々のリスト（交名《きょうみょう》）です。これは、あえて省略せずに挙げました。『吾妻鏡』も、幕府草創期にくらべて中期以降になると、このような交名の割合が格段に多くなります。記録的要素が増加した分、説話的な面白さを含む記事は減少します。これは、『吾妻鏡』というひとつの書物でも、このあたりで情報ソースが大きく変わるからであると考えられています。簡単に言えば、こうした記事は幕府の実務官僚の手元に蓄積された文書・記録がもとになっているということです。詳しくは、この集中講義の最初で紹介した文献に詳しい分析がありますので、参照してください。

勝長寿院供養　つぎに見たいのは、大慈寺供養に続いて翌正嘉二年に行われた勝長寿院供養です。この寺が、最初頼朝の父義朝の供養のために建立され、以後鎌倉の主要な寺院として幕府に重視されていたことは、すでにみた通りです。かつ、前年の大慈寺に続く勝長寿院供養もまた、同様の背景と意義を持っていたことでしょう。すでに一六、七歳に達していた青年将軍の宗尊にとって、鎌倉に居住していた間のもっとも華やかな場面の一つだったかもしれません。

勝長寿院供養の儀、曼荼羅供たるべし。大阿闍梨の事、以前両寺供養の例に任せて、探を以てこれを定めらる。安祥禅寺《あんしょうぜんじ》僧正良瑜《りょうゆ》・若宮別当僧正隆弁・日光法印尊家・松殿《まつどの》法印良基《りょうき》・左大臣法印厳恵、此の五人の交名を出され、五合の函《はこ》に納む。右大将家法華堂別当尊範僧都に遣され、七ヶ日護摩《ごま》を修するの後、一合を取り進すべきの由、仰せ含めらる。しかるに取り進す所は良基法印なり。仍て御使を遣わし、曼陀羅供御導師たるべきの由、これを仰せらる。

（正嘉二年五月五日条）

勝長寿院の供養法は曼陀羅供と決まりました。その大阿闍梨（導師）の決定に際しては、「探」つまりくじ引きが行われることになりました。五人の氏名を書いて一枚ずつ別の箱に納め、計五箱を源頼朝の墓所である法華堂の別当尊範に送って護摩を修します。つまり仏前に供えて祈念を込め、仏意を問うたのでありましょう。仏意と言っても、義朝の供養のため建立された勝長寿院の供養であってみれば、事実上、その子であった故頼朝のお告げに頼ったに違いありません。

ここに挙げられた良瑜・隆弁・尊家・良基・厳家は、出自・法脈などいずれをとっても、京都においても尊重された超一流の僧たちです。若宮すなわち鶴岡八幡宮別当の隆弁については、もはや言うまでもないでしょう。また日光法印と呼ばれた尊家は、当時から関東天台宗山門派勢力の一大拠点であった下野日光山別当だったわけですが、この地位の僧が代々勝長寿院の別当を襲う伝統が、このときすでに確立されていたわけです。

くじ引きの結果、このたびの仏意は良基に下りました。この僧は鎌倉初期には摂関も勤めた松殿の家の血を引き、鎌倉に下ってきて将軍宗尊親王のもと験者として成功を収め、永福寺別当に補せられるなど権勢を振るいます。しかし、やがてその宗尊の正室として鎌倉に下ってきた近衛宰子《このえさいし》との密通を疑われて追放の憂き目に遭うのですが、このときにはなやかな曼陀羅供大阿闍梨に抜擢された彼が、そのことを知る由もありません。

鎌倉祈禱体制の確立　ここにも、鎌倉時代中期における幕府の宗教体制が集約的に表れているのですが、関連してつぎの記事も見てみましょう。

今日、鶴岡八幡宮に於て仁王会《にんのうえ》を行わる。講師宮寺別当僧正隆弁、読師弁法印審範〈当社学頭《がくとう》〉。請僧《しょうそう》百口。〈勝長寿院・永福寺・大慈寺・鶴岡等四ケ所の供僧分八十三口。十七口は、長福寺・安祥寺《あんしょうじ》両僧正幷に左大臣法印厳恵等、宿老《しゅくろう》の僧綱《そうごう》等、宮寺の計いとしてこれを請け加う〉。

（弘長元年二月二〇日条）

この年は、大きな兵革《へいかく》が起こるとされる辛酉《かのととり》の年で、朝廷でも前後して平安無事の祈禱が行われています。鶴岡八幡宮の臨時仁王会もそのためと思われます。さらに、第四講で弘長の関東新制について説明しましたが、これが出されたのは同じ月末のことでした。社会的な混乱の不安に対し、関東新制というあらたな秩序を積極的に打ち出したところに、当時の鎌倉幕府の意気込みを感じますね。

すでに第二講で見たように、仁王会は国家の安寧を祈る護国の法会で、一〇〇人の僧を請じて行われます。ここではもはや、源氏の氏神というよりも護国の鎮守としての八幡宮の性格から、その宝前で仁王会を行うことに意義があったでしょう。講師は当然、八幡宮別当隆弁が勤め、読師は学頭審範でした。招かれた百僧のうち、鶴岡はもちろんのこと、永福寺や対抗する山門派の拠点である勝長寿院の僧も、ここには含まれています。大慈寺の供僧も参加を許され、これで八割がたを占めています。

さらに、先にも掲げた勝長寿院供養の記事にも見えている厳恵・良瑜らは、幕府にとって「宿老」として重んじられる立場にあった僧綱であり、彼らの推薦する僧が残りを占めました。これらすべての参加僧の招待は、主催者である鶴岡八幡宮が差配しました。このように鎌倉中期以降、鶴岡八幡宮・永福寺・勝長寿院に大慈寺を加えた四ヵ寺を中心に、京都から下向してきた僧正・法印などの上位の僧綱が主導して、幕府の宗教行事を仕切る体制が成立していきました。

『吾妻鏡』の終焉　こうして幕府に迎えられ、将軍となった宗尊でしたが、鎌倉在住十余年、文永三年（一二六六）にはけっきょく京都に送還されます。成人につれて幕府内に勢力を形成し、コントロールが難しくなった彼を退けたというのは、頼経・頼嗣父子と同様の事情によるものでしょう。その跡は、宗尊男惟康親王《これやすしんのう》が継承しました。そこで従来、宗尊はしょせん幕府の傀儡《かいらい》であり、御家人と強い主従関係で結ばれたような存在ではなかったかのように考えられてきました。

しかし筧雅博さんは、『金沢文庫文書』に伝わる聖教紙背文書《しょうぎょうしはいもんじょ》に残された書状から、鎌倉時代後期にいたるまで、若き日に宗尊の御所に奉仕した武士が親王を懐かしみ、その子孫に思慕を寄せる心情を見出しました［筧一九八五］。そこから考えると、「宗尊親王記」の最後、つまり『吾妻鏡』の掉尾《ちょうび》を飾る次の文章を、どのように解釈できるでしょうか。

今日午刻騒動す。中務権大輔教時《のりとき》朝臣[2]、甲冑の軍兵数十騎を召し具して、薬師堂谷亭より塔辻の宿所に至る。これにより、その近隣いよいよ以て群動す。相州[3]東郷八郎入道を以て、中書《ちゅうしょ》[4]の行粧《ぎょうそう》を制せしめ給ふ。陳謝に所なしと云々。戌刻、将軍家、越後入道勝円[5]の佐介亭に入御す。女房の輿を用いらる。御帰洛有るべきの御出門と云々。

（中略）

路次、北門より出御す。赤橋を西行し、武蔵大路を経る。彼の橋の前において、御輿を若宮の方に向け奉りて、暫く御祈念有り。御詠歌に及ぶと云々。　（文永三年七月四日条）

2　北条朝時男、名越流。宗尊親王近習。文永九年、誅される（二月騒動）。
3　北条時頼男、相模守時宗。鎌倉幕府第八代執権、得宗。

4　中書は中務卿の唐名、将軍宗尊親王のこと。
5　北条時盛《ときもり》。

前述の筧説を踏まえて考えれば、過去の将軍に対して形式的に敬意を表した編者の表層的なレトリックとばかりは言えず、同時代の幕府関係者の心情の一端を留めていると考えられます。つねに受容者の心情を忖度しながら綴られてきた『吾妻鏡』の筆が、ここでもひときわ冴えているのではないでしょうか。

宗尊送還　すでに月始めから事態は緊迫していたところ、この日、とうとう将軍宗尊親王は謀反の疑いにより捕縛されました。宗尊の近習であった名越（北条）教時が軍事行動を起こす気配を見せるや周辺は騒動となります。こうなると、いつものことながら武士は迅速に動きます。執権北条時宗はすぐに東郷八郎入道なる使者を遣わし、逃れようとする宗尊側の機先を制します。供していたのは、かつて京都から着いてきた土御門前大納言こと源顕方ら数人の貴族、四人の女房、それに二人の近習の武士だけでした。宗尊側はもはや言い訳する術もなく、観念します。御所から女房の輿に乗せられ、越後（北条）時盛亭にいったん護送された後、そのまま帰洛の途に就きました。

鎌倉を出る際、鶴岡八幡宮の前を通過した宗尊は、輿を神前に向けるとしばらく祈念の後、歌を詠みました。歌人としても著名な宗尊のその歌は、おそらく「中書王御詠《ちゅうしょおうぎょえい》」に残された次の一首だと思われます。

七月八日の暁、鎌倉を出ずとて

めぐり逢う秋は頼まず七夕の同じ別れに袖は絞れど　（二一二番）

『吾妻鏡』では、即座に京都に送還されたかのように記されていますが、実際には三日ほど時盛亭に幽閉されていたのでしょう。詮議《せんぎ》を受けていたのかもしれません。こうして七夕の明け方にいよいよ鎌倉を出ることになった宗尊は、「（織女《おりひめ》と牽牛《けんぎゅう》が再開するという）秋に希望は持つまい、七夕の同じ晩に別れの涙に袖を絞った仲とはいえ」と詠みました。鎌倉に残してゆくことになった御台所、近衛宰子を思っての詠歌でしょう。

じっさい、宗尊は二度と鎌倉に戻ることなく京都で文永一一年（一二七四）に没します。いっぽう宰子は嫡男惟康王とともにしばらく鎌倉に残り、惟康が将軍となった後に女子（掄子女王）を伴って都に帰りました。京都でふたたび夫と見《まみ》えることがあったかどうかは不明です。ともあれ、ここでも象徴的な役割を果たしたのは、やはり鶴岡八幡宮でした。『吾妻鏡』に現れる宗教的表象が、鎌倉幕府史の画期と分かちがたく結びついていたことは、もはや明らかです。第一講で見た『吾妻鏡』の冒頭と、現存する最後の両方の記事に、このように印象的な形で八幡宮が現れることはもはや偶然ではなく、『吾妻鏡』の構想と深くかかわっていると私は見ています。

3　『吾妻鏡』後の鎌倉

安達泰盛と後嵯峨院追善　『吾妻鏡』の終焉後も、鎌倉では続いて蒙古襲来《もうこしゅうらい》という大きな試練を乗り越え、さらに後醍醐《ごだいご》天皇の討幕運動により倒れた元弘三年（一三三三）にいたるまで、半世紀以上にわたって歴史が紡がれ続けていきます。その最後までを見渡すことは、もはやこの講義の課題ではありません。ここでは宗尊親王期を通じて成長し、やがて蒙古襲来のときには幕府の側で中心的な役割を果たした安達泰盛《あだちやすもり》に注目することで、『吾妻鏡』後の鎌倉への見通しを語り、この講義の最後のお話といたしましょう。

安達泰盛　『蒙古襲来絵詞』より，宮内庁三の丸尚蔵館所蔵

　さきほど、宗尊やその皇子女への思慕の念が後年まで存在していたとする筧説に触れました。宗尊送還の約二〇年後、弘安八年（一二八五）に天寿を全うすることなく、内訌によって殺害された安達泰盛もまた親王に特別な視線を投げかけていた一人ではなかったでしょうか。次の史料をご覧ください。

　夫《そ》れ以《おもんみ》るに、報恩《ほうおん》を善くするは、仏陀の教なり。金仙《こんせん》の説、眼に在り。孝を以て徳を訓ずるは、人倫の常なり。素王《そおう》の訓、肝に銘ず。兼て先言を聞きて、弥よ中誠を励ます。ここに弟子[6]は、東《とう》鄙《ひ》7の幽介《ゆうかい》、下愚《げぐ》の微質《びしつ》なり。秋田繁機の城務8、多年任を掌し、朝請大夫《ちょうせいたいふ》9の階級、仁露化《じんろけ》を誇る。これ則ち家の余慶なり、君10の洪慈なり。倩《つらつ》ら憶《おも》うに、連連の朝恩、已《すで》に区区《くく》の涯分《がいぶん》を踰《こ》ゆ。なかんずく、二史文選《もんぜん》の古典は万代不朽の重宝なり。しかるに忝《かたじけな》くも寸陰《すんいん》の好学を憐み、幸にも恩下の拝領に及ぶ。意端の喜懼《きく》いまだ休まざるに、慮外の登遐《とうか》、忽《たちま》ちに嗟吁《さう》を催す。兼て玉巻《ぎょくかん》を披《ひら》き、訓業《くんごう》を先儒《せんじゅ》の詞に採り、兼て緗帙《しょうちつ》を開く11毎に、涙華を故人の文に灑《そそ》ぐ。ここを以て、その御叡志に謝し奉らんがため、彼の御菩提を訪い奉らんがために、高野の奥院を占めて石塔の洪基《こうき》を建つ。然れば則ち聖霊、願くは造塔の白善《びゃくぜん》に答えて、必ず増進の妙果を証せん。願くは昏衢《こんく》の輪廻《りんね》を離れ、宜く安養《あんよう》の浄刹《じょうせつ》に遷らん。誠一の趣、啓白《けいびゃく》只だ且つ敬白。

文永十年〈癸酉〉二月十七日弟子従五位上行秋田城介藤原朝臣泰盛敬白

（「後嵯峨天皇一周忌供養塔婆銘」『鎌倉遺文』一一一八九）

6　仏弟子である安達泰盛の自称。安盛は、鎌倉幕府の最有力御家人。御家人層を代表して北条氏を補佐し、蒙古襲来にあたった。

7　関東武士であることを指す。

8　秋田城介の官職を指す。

9　従五位上の位階に対する中国風の異称。

10　後嵯峨天皇（一二二〇—七二）を指す。この前年二月一七日に崩御。この卒塔婆は一周忌の供養のために建てられた。

高野山参詣道の町石

11　テキストは「屋＋司」を宛てるが、読み方が不明。『鎌倉遺文』では「開」と読む。

文永九年に崩御した後嵯峨院の一周忌に際して、京都では臨終の御所であった嵯峨殿において、六〇人の僧による「七僧法会」という大規模な追善供養の儀式が執り行われました（『皇代暦』）。その裏で、幕府の有力御家人であった安達泰盛もまた院を追慕していたことが分かります。そのため彼が企画したのは、紀伊高野山に石造卒塔婆を建立することでした。ちょうどこのころ、彼は生身の空海が禅定《ぜんじょう》に入ったと信じられている高野山奥之院《おくのいん》の参詣者のために、町石建立の企画に取り組んでいました。それと同じ形式で、この卒塔婆を建立したのです。

泰盛が主導して高野山参詣道に建立した町石は風雪に耐え、いまも奥之院から参詣道一体の景観に欠かせない要素となっています。長年の間に失われたものもありますが、後代の補充もあり、営々と続く信仰の軌跡を無言のうちに示しています。その一つとも言える後嵯峨院一周忌供養塔婆は、現在は奥之院御廟の聖域の中に取り込まれ、通常は柵の手前からわずかに拝観することが叶うだけです［愛甲一九九四］。

「仏教に報恩を説くように、世俗の道徳においては孝行によって徳を示すのである。(そのような)名君のお言葉を胸に刻み、誠実にお仕えしたきた。私(泰盛)は東国にあってちっぽけで下劣な身ながら、従五位上秋田城介の位官にあって、仁政に努めてきた。これは先祖の功績であり、後嵯峨院の広大な慈悲による」。このように、願文の前半では亡き後嵯峨院への感謝の気持ちを縷々《るる》述べています。幕府からの恩顧を武士が述べるのは当然であるところ、京都の朝廷に対してもこのように報恩の気持ちを吐露しているのです。

続けて泰盛は次のように述べています。「考えてみると、次々といただいた恩顧は一々身に余る。なかでも「二史文選」は万代不朽の古典であるが、寸暇を惜しんで勉強するさまを憐れんで(後嵯峨院より)ありがたく拝領することになった。喜びに震えていたところ思いがけず崩御され、悲しみの声を挙げている。(拝領した)書物を開いて先学の言葉を拾うにつけても、その文章の上に涙を落とす。ここに、院のお気持ちに感謝し、菩提を弔うために、高野山奥之院に石塔を建立する。すなわち御霊よ、願わくばこの造塔の功徳によって悟りを証してほしい。願わくば輪廻の世界を離れて極楽浄土に生まれてほしいと、ただそれだけを申し上げる。」

好学の武士　泰盛はかつて後嵯峨院から、好学を賞されて親しく「二史文選」を賜ったと歓喜しています。『文選』は六世紀の中国で成立した六〇巻におよぶ詩文集で、日本でももっとも重視された漢籍の一つです。これに対して「三史」は『史記《しき》』『漢書《かんじょ》』『後漢書《ごかんじょ》』を指し、中国正史の嚆矢《こうし》を飾る古典です。ここで「二史」と言っているのはあまり一般的ではありませんが、後二者をまとめて一と数えているのかもしれません。いずれにしても、現代風に言えば文学と歴史の基本となる古典を与えたということになります。

当時、皇族・貴族の子弟などが年長者からこのような書物や書道の手本などを賜り、修学に努めたことは知られています。それをいくら最有力御家人の惣領《そうりょう》とはいえ、後嵯峨天皇から若い泰盛に書物が贈られたとすれば、やはり破格の待遇であり、驚喜するのももっともです。『吾妻鏡』に彼の名が初めて見えるのは、寛元二年（一二四四）六月一七日条ですが、このとき一五歳の泰盛は後嵯峨天皇治世下にあって、京都大番役《きょうとおおばんやく》の責任者として在京していたことが分かります。このような機会に、さかんに政務について勉強する中で中国の古典を参照するようになり、天皇の耳にも届いてこの栄に浴したのでしょう。

その少し後、宝治合戦前夜の鎌倉に、ある老入道がはるばる高野山からやってきます。

日来、高野入道覚智、連々左親衛の御第に参る。今日殊に長居す。内々に仰せ合わさる事等有りと云々。また子息秋田城介義景に対し、殊に諷詞《ふうし》を加え、孫子九郎泰盛を突鼻《とつび》せしむと云々。これ、三浦一党、当時武門に秀で、傍若無人なり。漸《ようや》く澆季《ぎょうき》に及ばば、吾等子孫、定めて対揚《たいよう》の儀に足らざるか。尤も思慮を廻らすべきの処、義景と云い、泰盛と云い、緩怠稟性《かんたいひんせい》にて武備無きの条、奇怪と云々。

（宝治元年四月一一日条）

高野入道覚智こと安達景盛は、幕府草創の功臣盛長《もりなが》男で、このときはすでに家父長を引退して高野山に隠遁生活を送っていました。しかし、すでに三浦一族の暴発は時間の問題となっていたこのときに鎌倉にやってきて、当時の安達家の長であった義景・泰盛親子に厳しい教訓を与えます。北条時頼亭にやってきて長話を語るには、三浦一党は武門に秀でて傍若無人の振る舞いをし、最悪の事態が到来すれば、わが安達の子孫たちは対抗するだけの力がない、よくよく考えなければならないのに、義景も泰盛ものんびりしていて武力の備えを怠っている、困ったものだ、と。ことの危急を感じ取ってはるばる鎌倉に乗り込んだ景盛は新執権に接近し、いまのところ一族に武力で北条得宗家に敵対する準備はないこと、しかし、いざとなれば安達一族は北条側に味方すべく武備を急ぐべきことを「内々に仰せ合わされた」ということでしょう。

武士としてこうした合戦を経験する一方、泰盛の好学ぶりは、のちのち幕政の中で花開いていきます。彼はこれから北条氏の外戚の一族として、引付衆《ひきつけしゅう》・評定衆からさらに越訴《おっそ》奉行《ぶぎょう》や蒙古襲来の際の恩賞奉行などを歴任、功績を積んでいきます。このような経歴は、彼の文筆に裏付けられた実務能力の高さを示しているでしょう。しかしながら、そうした立場が、文永三年（一二六六）の宗尊親王送還および惟康親王の将軍擁立にも深く関与したのは、後嵯峨院とのこのような関係を考えれば皮肉なことでした。

宗尊なきあとも、泰盛の幕府での活躍は続きます。彼は、高野山に後嵯峨院供養の石塔を建立した翌文永一一年の文永の役、弘安四年（一二八一）の弘安の役を乗り越えます。さらに弘安七年には、若くして執権に就任した北条貞時《さだとき》を支え、京都の亀山院政とも連動しながら「弘安徳政」と呼ばれる施策を実施し、動揺した御家人制や訴訟制度の再建を領導しました。しかし結局、翌弘安八年に得宗家御内人《みうちびと》平頼綱《たいらのよりつな》と衝突、いわゆる霜月騒動《しもつきそうどう》で粛清されました。

理想の時代の創出

泰盛の活躍は、北条氏以外の御家人が幕政に重きをなし、他の御家人に対しても訴訟や合戦の恩賞などに気を配ったという意味で、執権政治の最後の残照でした。しかし、それ以前からすでに時頼政権は求心力をさらに増し、蒙古襲来を迎えた次代の時宗の時期には、泰盛の成長と並行して得宗による専制体制が確立されていきました。

『吾妻鏡』の編纂された鎌倉時代の後期から見れば、京都において後嵯峨王朝が開かれ、それに連動して幼い宗尊親王が鎌倉殿となるべく下向してきたことは、これもまた新たな時代の始まりとして感じられたことでしょう。実際にはすでに北条氏の勢力が圧倒的に強くなりつつあり、そのもとで活動した安達泰盛も、得宗の外戚である以上、必ずしも御家人ファーストの執権政治を補佐したわけではなかったかもしれません。『吾妻鏡』が編纂された一四世紀はじめにいたるまで、得宗権力周辺ではさらに内訌などが頻発し、幕府内の新たな矛盾が蓄積していきました。京都においても、後嵯峨院政を引き継いだ後深草・亀山両院の皇統が競合して不安定になり、幕府はその調整に腐心します。かつて一三世紀の後半に、幕府の訴訟制度を参考に治天《ちてん》がみずからリードして朝廷の訴訟制度を整備改革してゆくような気風も後退していきました。

そういうわけで、武士たちから見れば、宗尊の時代は理想化された執権政治の最後の完成形態を懐かしむ雰囲気の中で、たびたび回顧されていたのでしょう。宗尊親王やそれにつながる後嵯峨院への思慕は、同時代においてよりもむしろ、後の時期、つまり『吾妻鏡』の編纂が進められたころにこそ、ますます高まっていたのではないでしょうか。『吾妻鏡』には、御家人の家々や寺院、また京都の貴族からも丹念に史料の提供を求めた実録的傾向を見て取ることができます。しかしそれ以上に、幕府衰退への不安を感じ始めた北条氏周辺で、将軍頼朝に始まり宗尊まで、また熊谷直実から北条泰時、さらには滅びていった多くの御家人にいたるまで、それぞれの政治的キャラクターが懐かしく回顧され、美化されていったのは当然でしょう。

本日の講義は、まとめをかねてざっと『吾妻鏡』の時代を通覧してきました。第四講までに扱ってきた鎌倉の仏教の視点から本日の講義を見渡したとき、そこにどのような世界が広がっていたでしょうか。『吾妻鏡』は、同時代の政治制度から経済・社会・文化にいたるまで、多くの歴史的事実を今に伝えています。鎌倉の仏教についても同様です。ただし、それは事実として鎌倉の政治や社会に深く関与し、大きな影響を与えただけではなく、鎌倉武士の記憶の集合体の中で、仏法を守護し王権を助ける義兵から始まり、都市鎌倉を荘厳する装置としてもまた、大きな役割を果たしたのでした。

閉講の辞

集中講義を振り返る　五日間続けてきた集中講義、「吾妻鏡と鎌倉の仏教」も、これでひとまず終わりということになります。『吾妻鏡』は、鎌倉幕府の公的な歴史書として扱われてきました。そこで、制度の移り変わりや個々の政治的事件などを追うなかから、断片的に注目されることもしばしばです。これに対して、この講義では少し角度を変えて「鎌倉の仏教」というテーマを立てながら、『吾妻鏡』の世界に入っていきました。入り口はどうであれ、『吾妻鏡』は鎌倉期社会のさまざまなできごとが、網の目のように結び合わされた有機体であるという全体的性格を持っています。その中で、鎌倉の仏教もまた『吾妻鏡』の中に重要な位置を占めていたことが、少し見えてきたでしょうか。この魅力に気がつけば、今回の集中講義を受けていただいたかいがありました。ここから仏教のみならず、神道や陰陽道、さらには民俗宗教までを含めた「鎌倉の宗教」、という形でもお話ししたいところですが、今回はとりあえずここまでにしておきましょう。

『吾妻鏡』にはほかにも、政治・経済・都市・文化・風俗など、「鎌倉」の世界につながるあらゆる扉が用意されています。これからどのようなテーマを専門として歴史を学ぶにしても、日本中世史に関わるかぎり、かならずどこかで『吾妻鏡』の世界が顔を出してくることでしょう。そこから歴史の文脈に潜り込んだ、もう一つの鎌倉の仏教にうまく巡り合うためには、『吾妻鏡』が〈語らない〉世界について考えてみることも必要です。加えて『吾妻鏡』の終焉後、つまり一三世紀第4四半期から幕府滅亡までの約半世紀の動向を視野に入れて、そこから振り返ってみる作業も重要となります。しかしこれも、今回の講義では見通しを述べるに留めました。引き続き、学んでいってほしいと思います。

東国に基盤を置いた鎌倉時代の武家政権は、そのはじめから京都との相対的関係のなかで段階的に役割を増し、二重政権としての距離を縮めていきました。その過程には、宗教もさまざまな形で機能しています。後白河《ごしらかわ》・後鳥羽《ごとば》院政期は、すでに部分的には鎌倉時代に入っていながら、なおまだ院政期の国家や社会の特徴を引きずっているという状況でした。つまり二つの時代が重なり移行していったという実態を十分に踏まえながら、『吾妻鏡』の世界に分け入っていくべきなのです。

朝廷からこの時期の歴史を見れば、承久の乱後の後高倉《ごたかくら》・後堀河《ごほりかわ》院政を経て後嵯峨《ごさが》院政に移行する時期、鎌倉時代中期の朝廷についての研究は、近年ようやくさまざまな展開を見せ始めた、若い研究分野です。『吾妻鏡』を考える際に、じつはこの時期こそが今後の研究の可能性を多く秘めた魅力的な時期かもしれません。京・鎌倉の相関関係をつねに視野に入れていくことが、今後ますます重要になるでしょう。

鎌倉の仏教への道　『吾妻鏡』の世界に並行して、鎌倉の仏教も段階的に展開していきました。ちょうど幕府の成立期と前後して、京都では法然《ほうねん》による専修念仏《せんじゅねんぶつ》の運動が鎌倉にも急速に影響を与えてきました。並行して院政期以来、権門《けんもん》寺院で整備されてくる論義《ろんぎ》法会《ほうえ》や密教儀礼も、あらたな展開期を迎えます。この時期の宗教の社会的課題としては、内乱の過程で敗者となり恨みを呑んで死んでいった怨霊の救済、現実には分裂・荒廃した社会や文化の再建が挙げられます。

この課題は、法然らのような聖《ひじり》にも、慈円《じえん》のような大寺社の僧にとっても共通のものでした。ただし、大寺院で発展した教学に煩瑣で形式化した議論が含まれていたことは事実です。また、密教を軸として発展した儀礼のなかには、どのような経典にもとづくのかもあいまいな珍奇な修法が多く考案されたことも否めません。社会的混乱の終息や新たな時代の構築という意味では、従来の仏教に限界があったことも認めるべきでしょう。

この点で、院政政権が歴代にわたり、大寺院の間隙《かんげき》を縫って活動する、たとえば俊乗房重源《ちょうげん》のような聖たちに注目し、政権に直接引き寄せていったことの意味もあらためて問い直されるべきでしょう。それが主流となることはありませんが、鎌倉の仏教を考えるうえで大事な構成要素となっていたことは間違いありません。

内乱の趨勢がとりあえず見えてきた文治年間に世間的注目を浴び始めた法然も、九条兼実《くじょうかねざね》や後白河院との関わり方からみれば、当初はそのような聖の一人であったと評価できます。鎌倉武士の中にも法然との結縁者が少なからず生まれ、東国社会にその存在が少しずつ知られるようになっていました。法然の没後、複数門下の競合的活動が急激に東国社会に広まり、鎌倉ではとくに谷戸《やと》に象徴される周縁的な場に展開していきます。さらに法然の弟子のひとり、親鸞《しんらん》の教団に典型的なように、むしろ政治的圧力の強い鎌倉を避けつつ、有力な武士領主の保護下に、東国地方各地で発展した諸派もありました。

鎌倉の求心性と地方的展開　法然に少し遅れて顕著になってくる禅宗教団も、都市での布教に困難を抱えていました。栄西《えいさい》やその法脈に連なる円爾《えんに》らは、じつは天台宗の中で密教の法流をあらたに形成していくうえでも大きな役割を果たしていたことが、最近の研究で明らかになっています。彼らの立場を純粋な禅以外の教学を交えた一段低い兼修禅《けんしゅうぜん》・雑修禅《ぞうしゅうぜん》とする評価は大きく改められ、顕・密・禅の一致を試みるダイナミックな教学の体系が見えてきました［菊地二〇一〇・二〇一九］。こうした動向に先鞭をつける形で、鎌倉には栄西が一定の地位を築きます。しかし、その拠点である寿福寺《じゅふくじ》の果たした役割は限定的でした。

栄西の弟子の栄朝《えいちょう》は、むしろ上野長楽寺《ちょうらくじ》でこの法流を発展させます。栄朝自身は、駿河久能山や武蔵岡部などやはり地方で発展した蓮華流《れんげりゅう》という独自の法流を受け継いでいました。そこに、栄西が伯耆《ほうき》大《だい》山《せん》の基好《きこう》から受け継いだ穴太流《あのうりゅう》が加わっていきます。さらにその弟子の円爾もまた、入宋前に長楽寺で研鑽を積みますが、鎌倉での講義に参加したりしていることから、東国における鎌倉の宗教的求心性もやはり無視できません。入宋後の円爾は、京都東福寺《とうふくじ》を拠点としていきますが、その台密法流《たいみつほうりゅう》は尾張や伊勢に展開していきます。同時に、北条得宗家によって蘭溪道隆《らんけいどうりゅう》や無学祖元《むがくそげん》らが政策的に鎌倉に誘致され、宋の禅風を伝えるあらたな傾向が生まれます。ただし、子細に見れば本章で見てきたように、やはり鶴岡八幡宮以下の三ヵ寺または大慈寺《だいじじ》を加えた四寺が独占する都市鎌倉の中枢には入れませんでした。

それでも、この流れもまた地方にどんどん展開していきます。蘭渓道隆自身が、流罪とされていますが一時甲斐《かい》に滞在し、さらに幕府の保護する関東祈禱所となっていた陸奥国松島円福寺《えんぷくじ》（現在の瑞巌寺《ずいがんじ》）にも留錫《りゅうしゃく》していたことが知られています。ここには、続いて多くの著名な禅僧が足跡を残し、さらに彼らの育てた弟子たちが京・鎌倉を渡り歩いて参禅の機会を得ていきました。この円福寺が、同時期にお天台宗の地域的拠点であったことも忘れてはならないでしょう。また、鎌倉建長寺の禅文化や法脈が、松島円福寺がハブとなって、南北朝期以降さらに周囲の中小の寺庵にまで浸透していく様子が、最近だんだん明らかになっています［菊地二〇二二］。

鎌倉の動揺と変革　京都では後嵯峨院政が始まり、鎌倉でも北条時頼《ときより》が宝治合戦《ほうじかっせん》を乗り切って、宗尊親王を新将軍に迎え主導権を発揮しはじめたころ、鎌倉にやってきた宗教者の一人に日蓮《にちれん》がいました。彼の場合は、安房清澄寺《せいちょうじ》という地方寺院から出発し、延暦寺《えんりゃくじ》を中心に畿内大寺院で研鑽を積んだのちにいったん故郷に戻ります。ここに軸足を置くことも可能であったと考えられますし、下総八幡荘《やわたのしょう》で千葉氏や被官の富木常忍《ときじょうにん》の庇護の下、安全に拠点を築き常住することもできたはずです。それでも彼は鎌倉を目指しました。そこで彼は、とくに『立正安国論《りっしょうあんこくろん》』以来、自身の教学に重要な論点として国家論を取り入れ、積極的に仏法と国家の問題に向き合うようになります。それを彼の個性にのみ帰するべきではなく、内訌《ないこう》・災害により動揺する社会状況を踏まえる必要があるでしょう。さらに安房が海路によって、両総・武蔵・相模・駿河方面と強く結びつけられていたことも、日蓮の活動範囲を考えるうえで見逃せません。やがて鎌倉周辺における学問の中心として急激に成長してきた称名寺《しょうみょうじ》（金沢文庫《かなさわぶんこ》）にも、日蓮に直接間接に関わる足跡が残されています。一遍《いっぺん》が京・鎌倉を視野に入れながらも地方を布教の場としたことも、日蓮に続く時代の宗教者の布教の特徴と見られますが、もはや『吾妻鏡』の時代を越えていくため、ここでは詳しく触れないことにします。

歴史と説話　かつて、五味文彦さんは、つぎのように述べました。

古代国家は『古事記』と『日本書紀』の二つを作っており、幕府も同様に『吾妻鏡』と『曽我物語』を作ったとは言えないか。歴史には二種の接近のしかたがあろう。事実と神話である。私は幕府誕生の神話を『曽我物語』にあわせて、みたのである〔五味二〇一八〕

五味さんの指摘にことさら付け加えるまでもないのですが、『吾妻鏡』の中にも、すでにかなりの程度、神話的な語りが組み込まれていることは言わずもがなでしょう。この講義で強調したことの一つは、中世国家のフレームが、宗教的な言説を内包しながら成立していった、すくなくとも『吾妻鏡』はそうわれわれに主張し続けている、ということです。『御成敗式目《ごせいばいしきもく》』は、第一条が「神社を修理し、祭祀を専らにすべき事」、第二条が「寺塔を修造し、仏事等を勤行《ごんぎょう》すべき事」であったことを、もう一度思い出してください。統治者として、社会の平和と安定を維持していくうえで、宗教が重要な存在として機能していなければならない、という理念は、院政期の新制以来の流れを引き継ぎ、幕府法にも継承されていったのでした。

それでは、これで集中講義を終わります。お疲れ様でした。

参考文献

ガイダンス

貴志正造『全訳　吾妻鏡』一〜五・別巻、新人物往来社、一九七六〜七九年
黒板勝美編『新訂増補国史大系　吾妻鏡』一〜四（普及版）、吉川弘文館、一九六八〜七六年
御家人制研究会編『吾妻鏡人名索引』吉川弘文館、一九七一年
五味文彦『吾妻鏡の方法』（増補新装版）、吉川弘文館、二〇一八年、初版一九九〇年
五味文彦他編『現代語訳　吾妻鏡』一〜一五・別巻、吉川弘文館、二〇〇七〜一六年
高橋典幸「将軍の任右大将と『吾妻鏡』─『吾妻鏡』受容の一背景─」『年報三田中世史研究』一二、二〇〇五年
高橋典幸「『吾妻鏡』と日記」、元木泰雄他編『日記で読む日本中世史』ミネルヴァ書房、二〇一一年
高橋秀樹編『新訂　吾妻鏡』一〜四（続刊）、二〇一五〜二〇年
西田友広編『吾妻鏡』（ビギナーズクラシック　日本の古典）、KADOKAWA、二〇二一年
前川祐一郎「室町時代における『吾妻鏡』─東京大学史料編纂所所蔵清元定本吾妻鏡を手がかりに─」『明月記研究』五、二〇〇〇年
八代国治『吾妻鏡の研究』藝林舎、一九七六年、初版一九一三年
貫達人他『鎌倉の仏教─中世都市の実像─』有隣堂、一九九二年

第一講

菊地大樹『中世仏教の原形と展開』吉川弘文館、二〇〇七年

河内祥輔『頼朝の時代―一一八〇年代内乱史―』平凡社、一九九〇年
若林晴子「天狗と中世における〈悪の問題〉」、今井雅晴編『中世仏教の展開とその基盤』大蔵出版、二〇〇二年

第二講

大井教寛「鶴岡八幡宮領武蔵国熊谷郷における請所」『日本歴史』七二二、二〇〇八年
菊地大樹『鎌倉仏教への道―実践と修学・信心の系譜―』講談社、二〇一一年
菊地大樹「惣領制の展開と信心の継承」『中世政治社会論叢』（東京大学日本史学研究室紀要別冊）、二〇一三年
櫻井陽子「頼朝の征夷大将軍任官をめぐって―『三槐荒涼抜書要』の翻刻と紹介―」『明月記研究』九、二〇〇四年
高橋　修「武蔵国における在地領主の成立とその基盤」、浅野晴樹他編『中世東国の世界』一・北関東、高志書院、二〇〇三年
高橋　修『熊谷直実―中世武士の生き方―』吉川弘文館、二〇一四年
近本謙介「清水寺縁起の展開―東大寺図書館蔵『如意鈔』における五祖影像供養唱導をめぐって―」『日本仏教綜合研究』一七、二〇一九年
本郷恵子『蕩尽する中世』新潮社、二〇一二年

第三講

赤澤春彦『鎌倉期官人陰陽師の研究』吉川弘文館、二〇一一年
大塚紀弘「日宋交流と仏牙信仰―五台山から来た仏牙舎利の行方―」『日本歴史』七五八、二〇一一年
岡野浩二『中世地方寺院の交流と表象』第二章第二節、塙書房、二〇一九年、初出二〇〇九年

菊地大樹「円爾系の印信から見る禅と密」、榎本渉他編『中世禅の知』臨川書店、二〇二一年
五味文彦『武士と文士の中世史』東京大学出版会、一九九二年
五味文彦編『吾妻鏡と中世都市鎌倉の多角的研究』(科研費研究成果報告書・課題番号一五三二〇〇八一)、二〇〇六年
佐々木馨『中世国家の宗教構造—体制仏教と体制外仏教の相剋—』吉川弘文館、一九八八年
平雅行「鎌倉寺門派の成立と展開」『大阪大学大学院文学研究科紀要』四九、二〇〇九年
平雅行「定豪とその弟子—鎌倉真言派の成立・展開—」『人間文化研究』四五、二〇二〇年
多賀宗隼『慈円の研究』吉川弘文館、一九八〇年
田中文英『平氏政権の研究』思文閣出版、一九九四年
永井晋「栄西と鎌倉幕府—『吾妻鏡』に記録された栄西の分析—」『鎌倉』一二六、二〇一九年
永井晋『鎌倉僧歴事典』八木書店、二〇二〇年
林譲「熊谷直実の出家と往生とに関する史料について—『吾妻鏡』史料批判の一事例—」『東京大学史料編纂所研究紀要』一五、二〇〇五年
米田真理子「茶祖栄西像の再検討—『喫茶養生記』をめぐって—」『芸能史研究』一七七、二〇〇七年
米田真理子「栄西と密教—新発見著作を中心として—」『宗教研究』八九、二〇一六年

第四講

家永三郎「書評　平雅行『日本中世の社会と仏教』」『日本史研究』三七八、一九九四年
石井進「都市鎌倉における「地獄」の風景」『石井進著作集』九、岩波書店、二〇〇五年、初出一九八一年
菊地大樹「日蓮『念仏者追放宣状事』と鎌倉時代の専修念仏」『興風』三〇、二〇一八年

佐々木文昭『中世公武新制の研究』吉川弘文館、二〇〇八年
平　雅行「嘉禄の法難と安居院聖覚」『日本中世の社会と宗教』塙書房、一九九二年、初出一九八八年
高橋慎一朗編『鎌倉の歴史―谷戸めぐりのススメ―』高志書院、二〇一七年
高橋慎一朗『中世鎌倉のまちづくり』吉川弘文館、二〇一九年
中尾　堯『日蓮』吉川弘文館、二〇〇一年
本間岳人「伊豆安山岩製五輪塔の研究」『石造文化財』三、二〇一一年
真鍋俊照『密教の風景 ― 邪教・立川流―』（真鍋俊照著作集一）、筑摩書房、二〇二一年
山上弘道「宗祖遺文『念仏者令追放宣旨御教書集列五篇勘文状』とその周辺」『興風』二一、二〇〇九年

第五講

愛甲昇寛『中世町石卒塔婆の研究』ビジネス教育出版社、一九九四年
筧　雅博「道蘊・浄仙・城入道」『三浦古文化』三八、一九八五年
菊地大樹「宗尊親王の王孫と大覚寺統の諸段階」『歴史学研究』七四七、二〇〇一年
菊地大樹「惣領制の展開と信心の継承」（前掲）
菊地大樹「日蓮の百王思想と「予言」 ― 「予言者」日蓮再考―」『興風』三三、二〇二一年
黒田俊雄「中世における顕密体制の展開」『黒田俊雄著作集』二、法蔵館、一九九四年
坂井孝一『承久の乱―真の「武者の世」を告げる大乱―』中央公論新社、二〇一八年
徳永誓子「後鳥羽院怨霊と後嵯峨皇統」『日本史研究』五一二、二〇〇五年

菊地大樹「東福寺円爾の印信と法流—台密印信試論—」『鎌倉遺文研究』二六、二〇一〇年
菊地大樹「聖一派における仏身論の展開」、中世禅籍叢刊編集委員会編『中世禅への新視角』（中世禅籍叢刊別巻）臨川書店、二〇一九年
菊地大樹「中世東国文化伝播論再考—東北からの照射—」、菊地大樹他編『寺社と社会の接点—東国の中世から探る—』高志書院、二〇二一年
五味文彦『吾妻鏡の方法』（増補新装版、前掲）

閉講の辞

あとがき

あるシンポジウムの懇親会に参加したのがきっかけで、法華コモンズ仏教学林（西山茂理事長・布施義高学林長）の方々と知己を得た。その場で意気投合し、発足間もない法華コモンズで月一回、半期で六回の講義を通年で持たせていただく運びとなった。日蓮教学を核としながらも、門流はもちろん宗派・宗教の垣根も超えた学術交流を目指す社会人学校である。

歴史畑の講師は、当初私だけであったが、史料読解や宗教史入門のテキストとして最初に選んだのが、『吾妻鏡』であった。こうして初めて講義を持ったのが、二〇一七年一〇月のことで、以来、今日にいたっている。なんとか半期六回を終えたころには、自分自身もあらためて『吾妻鏡』の面白さを嚙みしめていた。このときの講義が本書のもとになっている。執筆のきっかけをくださった法華コモンズの皆様には、感謝の言葉もない。最終的に五講に整理し直し、内容も大幅に変更することになった。このような経緯から講義調の文体になっているが、文章はあらためて書き下ろしている。

思えば、一九九〇年に学部三年生で日本史学（当時は国史学）専修課程に進み、五味文彦先生のゼミに参加したのが『吾妻鏡』との出会いであった。先輩たちから読み継がれてきて、私が参加した時は文治二年のあたりからスタートしたと記憶している。史料の専門的な読解によりどんどん中世史の面白さに目を開かれていく思いであったが、ちょうど五味先生が本書でも全面的に参照した『吾妻鏡の方法』に知見をまとめられた時期でもあり、とくに幸運なタイミングで参加の機会をいただいた。

やがてその中に、持経者の活動に関する記事を見つけたことが卒業論文のテーマ選びのきっかけとなり、今日まで日本宗教史研究を続ける土台となった。五味先生のご指導によりなんとか博士論文までたどり着き、その後もずっとお世話になってきた。改めて感謝申し上げたい。

『吾妻鏡』の注釈書類は多いが、普段からお付き合いいただいている先輩や同僚が五味先生のもとに集まり編集したのが『現代語訳　吾妻鏡』である。このシリーズにより、文学など隣接する他の分野にも、さらに『吾妻鏡』のファンが増えたと聞いている。本書執筆のうえでも強い味方になった。

ただ、このシリーズは全一六巻に別巻一冊を加えたボリュームで、通読するのはやはり根気がいるし、一般の歴史好きの方にはどこから手を付けていいのか分からない、というところもあるだろう。そこで今度は、テーマ別に『吾妻鏡』のエッセンスを抜き出し、それぞれの興味からアプローチするきっかけを作ってはどうか、と漠然と考えていたところ、先に述べたような次第で書籍への道を開いていただいた。勝手な言い分だが、今後は政治史・経済史・都市史などの分野でこの試みが広がることを、一読者として期待したい。

それはともかく、法華コモンズでの講義の熱気が冷めないうちにと、まもなく職場の同僚である生駒哲郎氏を通じて吉川弘文館編集部の石津輝真氏にお声がけいただき、レジュメなどをお見せしながら本書の構想を聞いていただいた。二〇一九年四月に出版をご快諾いただいたが、このころからNHK大河ドラマ『鎌倉殿の13人』の番組予告がちらほらと始まっていたのを横目に、本来ならばその放映よりも早く書き上げてしまうつもりであった。

ところが遅筆の悲しさで、思ったようには執筆が進まない中、翌年の春先から新型コロナウィルス感染拡大が始まった。大学に行くことすらできなくなり図書室も使えないうえに、在宅勤務で仕事のペースがガタガタになってしまった。この間、石津氏には辛抱強くお待ちいただき、何度もご連絡をいただくことになった。ようやくあとがきを書きながら、感謝とともに申し訳ない気持ちでいっぱいである。入稿後は、同じく編集部の岡庭由佳氏にも、たいへんお世話になった。

もとより、本書で取り上げきれなかった記事や事件はまだまだ山ほどある。最新の研究にも目を配ったつもりだが、鎌倉幕府論や御家人制の研究など、見落としは多いと思う。宗教史の分野でも、本書では仏教ばかり取り上げ、神社祭祀や陰陽道についてはほとんど触れられなかった。それでも、「日本第一の大天狗」は源義経、龍ノ口の法難で日蓮の助命に動いたのは宿敵忍性など、いくつか新知見も盛り込んだつもりである。珍説・奇説のたぐいに過ぎないかどうか、すべて読者のご批正に委ねたい。

最後に私事ながら、この本を書くため気分転換に書斎から出て自宅のリビングを占領し、多くの本を散らかして家族には迷惑をかけた。それでも、いつも私の心身に気を配ってくれる妻と、勉強を続ける私を元気で応援してくれる老母にも感謝したい。また去年は義父の十七回忌を迎え、今年は同じく実父の年忌である。その霊前に本書を捧げたい。

二〇二三年　初春

著者記す

著者略歴
一九六八年、東京都に生まれる
一九九五年、東京大学大学院人文科学研究科国史学専攻博士課程退学
現在、東京大学史料編纂所教授、博士（文学）

〔主要著書〕
『中世仏教の原形と展開』（吉川弘文館、二〇〇七年）
『鎌倉仏教への道―実践と修学・信心の系譜―』（講談社、二〇一一年）
『日本人と山の宗教』（講談社、二〇二〇年）

吾妻鏡と鎌倉の仏教

二〇二三年（令和五）三月十日　第一刷発行

著　者　菊《きく》地《ち》大《ひろ》樹《き》
発行者　吉川道郎
発行所　株式会社 吉川弘文館
郵便番号一一三―〇〇三三
東京都文京区本郷七丁目二番八号
電話〇三―三八一三―九一五一〈代表〉
振替口座〇〇一〇〇―五―二四四番
http://www.yoshikawa-k.co.jp/
印刷＝株式会社 理想社
製本＝誠製本株式会社
装幀＝右澤康之

ISBN978-4-642-08428-4

鎌倉時代のもっとも基本的な歴史書、その難解な原文を、待望の現代語訳化。

【第70回毎日出版文化賞受賞】

現代語訳 吾妻鏡 全16巻・別巻1

五味文彦・本郷和人・西田友広・遠藤珠紀・杉山 巖編

独特の漢文体で綴られたその難解な原文が、誰でも読める現代語訳ではじめて甦る。歴史用語や人名・地名も、注釈によりもれなく解説。

四六判・上製・カバー装・平均二九六頁

本体二〇〇〇円～三二〇〇円　全17冊セット本体四三四〇〇円

〈全巻の構成〉

①頼朝の挙兵　⑦頼家と実朝　⑬親王将軍
②平氏滅亡　⑧承久の乱　⑭得宗時頼
③幕府と朝廷　⑨執権政治　⑮飢饉と新制
④奥州合戦　⑩御成敗式目　⑯将軍追放
⑤征夷大将軍　⑪将軍と執権　別巻 鎌倉時代を探る
⑥富士の巻狩　⑫宝治合戦

（価格は税別）

吉川弘文館